Platero and I

Platero y yo

Platero and I

Platero y yo

A Dual-Language Book

Juan Ramón Jiménez

Edited and Translated by
STANLEY APPELBAUM

DOVER PUBLICATIONS, INC.
Mineola, New York

Bibliographical Note

This Dover edition, first published in 2004, contains the complete Spanish text of the first full edition of *Platero y yo* as published by Calleja, Madrid, in 1917, together with a new English translation by Stanley Appelbaum, who also provided the Introduction and the footnotes.

Library of Congress Cataloging-in-Publication Data

Jiménez, Juan Ramón, 1881–1958.
    [Platero y yo. English & Spanish]
    Platero and I = Platero y yo : a dual-language book / Juan Ramón Jiménez ; edited and translated by Stanley Appelbaum.
        p. cm.
    ISBN-13: 978-0-486-43565-7
    ISBN-10: 0-486-43565-2
    I. Title: Platero y yo. II. Appelbaum, Stanley. III. Title.

PQ6619.I4P613 2004
861'.62—dc22

2003070052

Manufactured in the United States by RR Donnelley
43565207   2016
www.doverpublications.com

Contents

Introduction vii
I: Platero / Platero 2/3
II: Mariposas blancas / White Butterflies. 2/3
III: Juegos del anochecer / Games at Nightfall 4/5
IV: El eclipse / The Eclipse 4/5
V: Escalofrío / A Chill. 6/7
VI: La miga / The Kindergarten. 6/7
VII: El loco / The Madman. 8/9
VIII: Judas / Judas 8/9
IX: Las brevas / The Early Figs 10/11
X: ¡Ángelus! / Angelus! 12/13
XI: El moridero / The Burial Place 12/13
XII: La púa / The Sharp Point 14/15
XIII: Golondrinas / Swallows 14/15
XIV: La cuadra / The Stable. 16/17
XV: El potro castrado / The Castrated Colt 16/17
XVI: La casa de enfrente / The House Across the Way . . 18/19
XVII: El niño tonto / The Retarded Boy. 20/21
XVIII: La fantasma / The Ghost. 20/21
XIX: Paisaje grana / Scarlet Landscape 22/23
XX: El loro / The Parrot 24/25
XXI: La azotea / The Roof Terrace 26/27
XXII: Retorno / Return. 26/27
XXIII: La verja cerrada / The Locked Grille 28/29
XXIV: Don José, el cura / Don José, the Priest 28/29
XXV: La primavera / Springtime. 30/31
XXVI: El aljibe / The Cistern 32/33
XXVII: El perro sarnoso / The Mangy Dog 32/33
XXVIII: Remanso / A Pool 34/35
XXIX: Idilio de abril / April Idyll 36/37
XXX: El canario vuela / The Canary Flies. 36/37

iii

XXXI: El demonio / The Demon 38/39
XXXII: Libertad / Freedom 38/39
XXXIII: Los Húngaros / The Wandering Foreign Gypsies. . 40/41
XXXIV: La novia / The Sweetheart 42/43
XXXV: La sanguijuela / The Leech 42/43
XXXVI: Las tres viejas / The Three Old Women. 44/45
XXXVII: La carretilla / The Little Cart 44/45
XXXVIII: El pan / Bread 46/47
XXXIX: Aglae / Aglaia 48/49
XL: El pino de la Corona / The Pine of La Corona . . . 48/49
XLI: Darbón / Darbón 50/51
XLII: El niño y el agua / The Boy and the Water 50/51
XLIII: Amistad / Friendship 52/53
XLIV: La arrulladora / The Lullaby Singer 52/53
XLV: El árbol del corral / The Tree in the Yard 54/55
XLVI: La tísica / The Consumptive Girl 56/57
XLVII: El Rocío / El Rocío. 56/57
XLVIII: Ronsard / Ronsard 58/59
XLIX: El tío de las vistas / The Peepshow Man 60/61
L: La flor del camino / The Wayside Flower 60/61
LI: Lord / Lord 62/63
LII: El pozo / The Well 64/65
LIII: Albérchigos / Apricots 64/65
LIV: La coz / The Kick. 66/67
LV: Asnografía / Donkey-ography 68/69
LVI: Corpus / Corpus Christi 68/69
LVII: Paseo / A Promenade. 70/71
LVIII: Los gallos / The Cockfight 72/73
LIX: Anochecer / Nightfall. 74/75
LX: El sello / The Stamp 74/75
LXI: La perra parida / The Dog with New Puppies . . . 76/77
LXII: Ella y nosotros / She and We. 78/79
LXIII: Gorriones / Sparrows. 78/79
LXIV: Frasco Vélez / Frasco Vélez 80/81
LXV: El verano / Summer 80/81
LXVI: Fuego en los montes / Fire in the Mountains. . . . 82/83
LXVII: El arroyo / The Stream. 84/85
LXVIII: Domingo / Sunday 84/85
LXIX: El canto del grillo / The Song of the Cricket 86/87
LXX: Los toros / The Bullfight 86/87
LXXI: Tormenta / A Storm 88/89

LXXII: Vendimia / Grape Harvest 90/91
LXXIII: Nocturno / Nocturne 90/91
LXXIV: Sarito / Sarito 92/93
LXXV: Última siesta / Last Siesta 92/93
LXXVI: Los fuegos / The Fireworks 94/95
LXXVII: El Vergel / El Vergel 96/97
LXXVIII: La luna / The Moon 96/97
LXXIX: Alegría / Merriment 98/99
LXXX: Pasan los patos / The Ducks Go By 98/99
LXXXI: La niña chica / The Little Girl 100/101
LXXXII: El pastor / The Shepherd 100/101
LXXXIII: El canario se muere / The Canary Dies 102/103
LXXXIV: La colina / The Hill 104/105
LXXXV: El otoño / Autumn 104/105
LXXXVI: El perro atado / The Tied-up Dog 104/105
LXXXVII: La tortuga griega / The Greek Tortoise 106/107
LXXXVIII: Tarde de octubre / October Afternoon 108/109
LXXXIX: Antonia / Antonia 108/109
XC: El racimo olvidado / The Forgotten Bunch
        of Grapes 110/111
XCI: Almirante / Almirante 110/111
XCII: Viñeta / Vignette 112/113
XCIII: La escama / The Scale 112/113
XCIV: Pinito / Pinito 114/115
XCV: El río / The River 116/117
XCVI: La granada / The Pomegranate 116/117
XCVII: El cementerio viejo / The Old Cemetery 118/119
XCVIII: Lipiani / Lipiani 120/121
XCIX: El Castillo / The Castle 120/121
C: La plaza vieja de toros / The Old Bullring . . . 122/123
CI: El eco / The Echo 124/125
CII: Susto / A Scare 124/125
CIII: La fuente vieja / The Old Fountain 126/127
CIV: Camino / A Road 126/127
CV: Piñones / Pine Seeds 128/129
CVI: El toro huido / The Runaway Bull 130/131
CVII: Idilio de noviembre / November Idyll 130/131
CVIII: La yegua blanca / The White Mare 132/133
CIX: Cencerrada / A Shivaree 132/133
CX: Los gitanos / The Local Gypsies 134/135
CXI: La llama / The Flame 134/135

CXII: Convalecencia / Convalescence 136/137
CXIII: El burro viejo / The Old Donkey 138/139
CXIV: El alba / Dawn 138/139
CXV: Florecillas / Little Flowers. 140/141
CXVI: Navidad / Christmas 140/141
CXVII: La calle de la Ribera / The Calle de la Ribera . 142/143
CXVIII: El invierno / Winter 144/145
CXIX: Leche de burra / Donkey's Milk. 144/145
CXX: Noche pura / A Pure Night 146/147
CXXI: La corona de perejil / The Parsley Wreath . . . 146/147
CXXII: Los Reyes Magos / The Magi 148/149
CXXIII: Mons-urium / Mons-urium 150/151
CXXIV: El vino / Wine 150/151
CXXV: La fábula / The Fable 152/153
CXXVI: Carnaval / Carnival. 154/155
CXXVII: León / León 154/155
CXXVIII: El molino de viento / The Windmill 156/157
CXXIX: La torre / The Tower. 156/157
CXXX: Los burros del arenero / The Sand
           Merchant's Donkeys 158/159
CXXXI: Madrigal / Madrigal 158/159
CXXXII: La muerte / Death 160/161
CXXXIII: Nostalgia / Nostalgia 160/161
CXXXIV: El borriquete / The Sawhorse 162/163
CXXXV: Melancolía / Melancholy. 162/163

CXXXVI: A Platero en el cielo de Moguer /
           To Platero in the Sky of Moguer. 162/163
CXXXVII: Platero de cartón / A Cardboard Platero 164/165
CXXXVIII: A Platero, en su tierra / To Platero,
           in His Land. 164/165

INTRODUCTION

Moguer is a small Andalusian town on the tidal estuary of the river Tinto, which empties into the Atlantic. Across the estuary to the west is Huelva, capital of the province of the same name. About five miles south of Moguer is Palos, together with other sites associated with Columbus's first voyage; some of his 1492 crew were men of Moguer. Architectural treasures of the town include the former Convent of Saint Clare (now a museum), the monastery of Saint Francis, and the church of Santa María (or Nuestra Señora) de la Granada, whose bell-tower resembles on a smaller scale the famous Giralda tower in Seville. A special tourist attraction is the house museum (on the former Calle Nueva) dedicated to Moguer's most celebrated son, the poet Juan Ramón Jiménez, who immortalized the town in his volume of prose poems *Platero y yo*. There are streets and public institutions named after Jiménez and his wife, there are plaques all over commemorating places mentioned in the book, and the grave of the (a) donkey Platero can be visited.[1]

When Jiménez was born, in 1881, his family was living on the fanciest street in town, the Calle de la Ribera, facing the estuary. His father was a prosperous wine dealer, with his own vineyards, four wineries, and his own small fleet. The family owned several rural properties in the vicinity. Thus the future poet grew up as a *señorito*, a plutocrat's scion, or "young master," as several characters in *Platero* call him. From about 1885 to 1889 he attended kindergarten (*miga*, short for *amiga*) and primary school. From about 1891 on, he was a boarder at the Jesuit secondary school in the town of Puerto de Santa María (Cádiz province), from which he graduated in 1896 (he had already begun to write poetry). From 1897 to 1899 he was in Seville, learning to paint and toying with legal studies (at least one scholar says he

---

1. Strawberries for export are Moguer's chief livelihood now, though never mentioned in Jiménez's book, which does indicate the petering out of the former fishing and wine industries.

never matriculated at the university); his sex life was very active, and one of his sweethearts during that sojourn, Rosalina Brau, is mentioned in *Platero*. In 1897, too, his first poems were published, and by 1900 he was so well known and admired by cognoscenti that he was invited to Madrid by the (then) important poet Francisco Villaespesa (1877–1935) and by Rubén Darío himself, one of Jiménez's idols and a permanent influence on his own writing.

Darío (1867–1916), a Nicaraguan who had lived in a number of Latin American countries, had visited Spain in 1892, but spent longer periods there from 1898 on. As early as 1888, his volume of poems and stories, *Azul* . . . (Blue), had electrified the more forward-looking Spanish critics, and Darío's brand of *modernismo* (based equally on earlier Parnassian and Symbolist trends in France) soon injected new life into Spanish poetry, which between 1870 and 1900 had been in the doldrums, whereas prose fiction had made giant strides in those decades.

In that year of 1900, so crucial to Jiménez's entire life, he remained in Madrid only a month. His father's sudden death was a tremendous shock to him; he suffered fainting fits and exhibited a morbid fear of death. As a boy, he had experienced strong emotional outbursts, and he had been seriously ill in 1897; from 1900 on, his mind was permanently affected (with years of respite or remission), and he could be considered a manic-depressive. (The same year, 1900, saw the publication of his first two small volumes of verse, which he later disacknowledged in his excessive fastidiousness.)

He spent the years 1901–1903 in sanatoriums in Bordeaux and Madrid; from 1903–1905 he lived in the Madrid home of his principal doctor. Meanwhile he was continuing to write and to establish contact with some of the finest and most progressive writers, thinkers, and educators. His 1902 volume *Rimas* (Rhymes)—the title was in homage to his favorite Spanish poet of the 19th century, Gustavo Adolfo Bécquer (see Chapter CXIII)—was well received, and two more volumes followed before he returned home to Moguer in 1905. (All his life he continued to issue his new poems in small volumes, of which there were eventually some forty; on his three self-constituted anthologies, see below.) Things had gone badly for the family since his father's death; in 1911 some of their goods were auctioned; they moved from their Calle Nueva house (the present museum; see Chapter CXVII for the earlier move, ca. 1887, from the Calle de la Ribera) to one on the Calle de la Aceña, and by 1914 they were wiped out financially. The poet had moved back to Madrid by the end of

1912; the national capital was to be his chief place of residence until the Civil War broke out in 1936.

In 1913 Jiménez met the highly gifted Zenobia Camprubí, with whom he later worked on translations of Synge, Tagore, and Rolland. She traveled to the United States in 1915, and in the following year Jiménez joined her there; they married in New York, and spent their honeymoon in the big Atlantic seaboard cities between Boston and Washington. They returned to Madrid before the year was over, and Jiménez became literary director of the Calleja publishing house, which issued the first complete edition of *Platero* in 1917, another pivotal year for the poet. Three other Jiménez volumes were published that year: in Spain, his highly regarded *Sonetos espirituales* and the book (his own favorite) generally regarded as the breakthrough to his second manner, *Diario de un poeta recién casado* (Journal of a Newlywed Poet); and, in New York, published by the Hispanic Society, the first of the three great anthologies, *Poesías escojidas*[2] (Selected Poems). More needs to be said about the *Diario* and the anthology.

Up to the *Diario*, Jiménez's delicate, sensitive, introspective poetry had been a highly personal derivative of *modernismo* and a few more recent trends. It was technically flawless in its handling of largely traditional Spanish devices: rhyme and assonance; time-honored meters, line lengths, and stanzas; etc. The ostensible subject matter was generally the quieter aspects of nature, as a source of beauty and as a universe of gentle melancholy matching the poet's own perpetual gloom. The *Diario*, on the other hand, mingles verse and prose; technically, it introduces free verse to the poet's arsenal, and thematically it includes cityscapes and a strong confrontation with the sea, which would henceforth play a large, liberating role in the poet's mental world-construct.

The anthology was the first major result of Jiménez's constant dissatisfaction with his own past work; he lived entirely for poetry, as if a sort of high priest of the Muses; he considered his whole oeuvre to be one huge unfinished poem; and when he wasn't creating new poems, he was tirelessly rewriting (or scrapping) the old ones. *Poesías escojidas* of 1917 was his first offering of what he saw as the best of his own work up to then, revised according to his standards of the moment.

Jiménez never stopped writing poetry, but henceforth it was to be

---

2. It is at this time that Jiménez starts using some personal orthography, chiefly substituting *j* for *g* before *i*.

even more personal, somewhat hermetic though never indecipherable, more metaphysical, even more self-referential (concerned not only with his most inexpressible intimate feelings, but also with the nature of poetry itself), and technically much more free and varied.

Never one for false modesty, Jiménez considered his work to be the main inspiration of every important younger poet writing in Spanish; there is no question about his vast influence on New World Spanish poets, and, in Spain, his influence on the early work of, say, Lorca, is obvious. By 1919 he had put together another state-of-the-moment anthology, but circumstances prevented this famous *Segunda antolojía poética*, with 522 items, from being published until 1922. (He was also working on magazines in this period.) In 1932 he published an anthology of his verse and prose for children. In 1936 he was preparing an anthology called *Canción* (Song), intended as the first volume of a complete-works edition. When Franco, hostile to liberal intellectuals, invaded Spain that year, Jiménez left, never to return. At first he was sent to Washington as an honorary cultural attaché of the Spanish embassy; before 1936 was over, he had made a brief trip to Puerto Rico and had established residency in Cuba, where he remained until January 1939.

From January 1939 to October 1942 he lived in Coral Gables, Florida; he and Zenobia lectured at the University of Miami and Duke University; in 1942 he published (in Buenos Aires) his second major all-prose work, *Españoles de tres mundos* (Spaniards of Three Worlds), highly esteemed character sketches of notable figures. By this time his mental ailment had become serious again, after years of relative physical comfort. From November 1942 to November 1951, he and Zenobia lived in the Washington area and taught at the University of Maryland. Then, for the sake of the climate, or to put an end to a self-imposed language barrier (it is said that Jiménez refused to communicate with his doctors in English), the couple moved to Puerto Rico, where he became a professor at the university in Río Piedras. (Earlier, his sojourn in the United States had been interrupted in 1948 by a lecture tour in Argentina and Uruguay, during which he was welcomed everywhere with almost divine honors.)

In 1956 Jiménez received notice of his Nobel prize only three days before Zenobia, his moral support for so long, succumbed to vaginal cancer. In 1957 he published his *Tercera antolojía poética*, containing 720 poems from all periods, which he considered his poetic *summa*. He died in 1958, of pneumonia following an operation on a broken hip. His remains and Zenobia's were brought to Moguer. There has

been a huge amount of posthumous publication ever since, including a fourth anthology, *Leyenda* (Legend), in 1978. Though not without detractors, Jiménez is often considered the foremost Spanish poet of the 20th century, and *Platero*, if not his masterpiece, has been his most popular work.

Platero y yo, begun in Moguer in 1907, was originally intended as the second, prose, part of the volume *Baladas de primavera* (eventually published without the *Platero* material in 1910). It was completed in Madrid after the poet returned there in 1912. A short version, omitting chapters unsuitable for children (thus leaving only 64), was published at Christmastime in 1914, at the publisher's request, by the Biblioteca "Juventud" (Young People's Library) division of the Madrid firm La Lectura (Reading); in this volume the poet used his full second name, Ramón (rather than just "R."), for the first time. In a short preface to this 1914 version, he stated that the "golden age" of childhood is congenial to poets; that he didn't know what age group he had written the work for (a little fib?), but that the chapters that were included hadn't been watered down for children.

In 1917 the firm of Calleja, where he was employed, brought out the first complete edition of *Platero*, with a different sequence of chapters. This is the text reprinted and translated in this Dover volume. Chapters CXXXVI to CXXXVIII are an intrusive appendage, written later than the earlier chapters, in a different mood and even in a different style (different word choices to refer to certain specific things); they are included here for the sake of completeness, but the book should really be considered as ending with Chapter CXXXV. (At least one earlier English translation includes three further chapters, no doubt translated from additions to post-1917 editions; these are even more self-indulgently remote from the original intentions of the work.)

Four further documents by Jiménez relate closely to *Platero*. In a draft for an unused preface to a later edition, he states that he had begun the book in 1906; at the time he was roaming Moguer in the company of a local doctor, and he witnessed much sickness and poverty; donkeys (when not used occupationally) were used to carry light loads on trips to the country, and as a mount for weary children or sick people; the Platero in the book was a literary synthesis of numerous Plateros of his childhood and youth. A second text, titled "La muerte de Platero" (Platero's Death), tells how greatly the eminent educator Francisco Giner de los Ríos (born in 1839, he was dying by

early 1915) admired the 1914 version of *Platero*, which he gave as Christmas gifts. A 1935 text called "El mejor amigo" (My Best Friend), used as a preface to a 1944 Mexican book about *Platero*, emphasizes the poet's gentleness and delicacy, the opposite (and probably the butt) of Andalusian *machismo*. The text "Platero español de Francia" (A Spanish Platero in France), written in 1952, was the preface to a publication in Spanish in Paris of the children's version of the book; it repeats the Giner recollection, lists editions of *Platero*, and states that the simplicity of the narrative of Platero's death was the model for all subsequent eulogies written by the poet.

The 1917 edition of *Platero* bore the subtitle "Elegía andaluza" (Andalusian Elegy), the dates 1907–1916, and the dedication: "To the memory of Aguedilla, the poor madwoman of the Calle del Sol who used to send me mulberries and carnations." Prose poems were a rarity in Spain at the time, if this wasn't the very first such volume. It represents Jiménez's first poetic period perfectly, coming near its close (see above). Unlike some of the prose items in *Diario* (and much prose-poetry that had appeared earlier in France), the pieces in *Platero* are not primarily intensifications or distillations of the unique features and resources of prose, but transferrals to prose of techniques characteristic of verse, especially Jiménez's early verse: involuted word order, words and phrases repeated in strategic places (some pet words occurring endlessly), lofty "poetic" vocabulary, paradox and oxymoron, synesthesia, endless metaphors and "conceits," "pathetic fallacy," and the like.

Much ink has been spilled as to who is the true "hero" of the work, the poet or Platero (the donkey's name refers to his silvery coat; the word usually means "silversmith" in Spanish)—as if Jiménez, so self-centered, could fundamentally allow anyone but himself to be the hero! Without being totally anthropomorphized, like a Disney character, Platero is (usually playfully) endowed by the author with human thoughts, and he even kneels at a religious procession; frequently, he is patronized and even put upon, by the omniscient writer, and his true asinine instincts and feelings are sometimes thwarted (no beatings, but "mental cruelty").

If there is one real hero in the book, it's the town of Moguer. Jiménez's finest contribution is his thorough topography and ethnography of his birthplace: its social divisions and the people's occupations, pastimes, superstitions, songs, etc., as well as the varied nature of its countryside. Family members, friends, teachers, domestic servants, winery employees, town "characters," occasional strangers,

houses and properties, all make their appearance. Children, well-to-do or impoverished, are ubiquitous (the author's own childhood memories contribute to this aspect of the book), as are tame or wild creatures of many kinds. Jiménez is especially skillful at reintroducing certain human or animal characters long after they have first been mentioned quite casually, without identification (at certain first mentions, the reader can't even be sure of the genus of the character, whether *Homo, Canis,* or *Equus*); these reintroductions not only throw new light on certain situations or relationships, they also bind the whole work together in a unique way.

Another unquestionable success is the author's ability to create the narrative of individual chapters out of impressionistic, or even pointillistic, hints and data; in such oblique storytelling, the reader must do part of the work, and thus becomes more personally involved. The pointillism of single chapters also reflects that of the book as a whole, and thus greater structural unity is again achieved by unstereotyped means.

The whole "narrative" lasts a year, from one spring—with its sometimes bloody sacrificial rites (injuries to Platero, etc.)—to the next. But it is a mentally constructed year: any given holiday, season, idyll, event (etc.) may be taking place anytime between the time of writing and the author's earliest childhood. Memory, and the shifting perspectives of different periods of life, form an important element of the book. Yet, though *Platero* yields some of its finest treasures only when read in its entirety, end to end, too rapid a reading may induce surfeit in some readers. Jiménez has been justly accused of preciosity, and some of his "elegiac" reflections may seem mawkish, depending on the individual reader's sentimentality threshold; it helps to believe in animal heavens. Nor can Jiménez totally escape the charge of repetitiousness and monotony. To take merely one example, his use of the Greco-Roman symbolism of the butterfly as the human soul (*psyche*), which he introduces as early as the second chapter, is valid and at first interesting (it can even be telling when a butterfly epiphany immediately precedes the totally unexpected and out-of-the-blue death of Platero), but by the time the book is over there are enough such butterflies to constitute a biblical plague.

Furthermore, Jiménez always seems to be posing archly, even when that may not be the case (his rather lord-bountiful concern for poor children and other victims of society may have been quite genuine, substantiated as it is by real-life charitable actions of his). For one thing, he could never have really believed so firmly that Platero was a

moldable human child that he tried to bring him into a public park
past a guarded gate. Another constant set of poses assumed through-
out the book by the local boy and tradesman's son is that (1) he is a
Christlike figure mocked by those who know not what they do, and (2)
he is a natural aristocrat who shuns rowdy entertainments in favor of
ineffable communings with Creation, and who has only contempt for
numerous manifestations of popular art and culture. This attitude is
bolstered by a number of learned quotations (including untranslated
ones from English, French, and Italian in the original languages) and
by the many references to ancient mythology (though, to be fair, these
references also help to reveal the pagan background of a number of
Christian observances in Moguer). The author eschews popular id-
ioms, except in direct quotations from "das Volk."

Platero y yo has been translated into at least ten languages, and
there may be already a half-dozen English versions (though not all
complete). This Dover edition may very well be the first to include the
Spanish text, so intricate and inimitable, together with a new English
rendering. This Dover translation, if nothing else, is complete, con-
taining every chapter and addition of the 1917 edition, and not taking
"easy outs" by skipping over troublesome phrases. It intends to be as
accurate as possible, though the presence of several wild howlers in
otherwise laudable previous translations serves as a salutary caution
and a signal for humility; the Spanish text *is* difficult (regional vocab-
ulary, words with a variety of meanings, complex thought expressed in
highly personal figures, . . .)—one wonders how much has been un-
derstood over the decades by the Spanish-speaking children who had
to read the book in school!

In this Dover translation, all the French and Italian quotations have
been rendered into English. The lines in an Andalusian accent have
been translated into regular, standard English (no Southern drawl or
Scottish accent attempted). Footnotes have been kept to the barest
minimum; though a few more family members and other townspeople
might have been identified, it didn't seem worthwhile, and a good
many names are unidentifiable anyway;[3] no attempt has been made to
identify geographical names or those of famous historical figures
(painters, writers, etc.). With very few exceptions, which seemed ad-

---

3. Although the archpriest in Chapter XXXI may very well refer to the Arcipreste de
Hita, who describes himself as bony in his famous poem *Libro de buen amor* (Book of
Good Love; ca. 1340).

visable within certain contexts, topographical names, animals' names, and people's nicknames have been left in their Spanish form.[4] The translator tried to identify plants and animals, but in the absence of Linnaean nomenclature, a number of such identifications must remain highly tentative. No attempt has been made to imitate the protraction of vowel sounds by repeating the letters, as the Spanish often does.

---

4. The name of the horse Almirante means "admiral."

Platero and I

Platero y yo

I: Platero

Platero es pequeño, peludo, suave; tan blando por fuera, que se diría todo de algodón, que no lleva huesos. Sólo los espejos de azabache de sus ojos son duros cual dos escarabajos de cristal negro.

Lo dejo suelto, y se va al prado, y acaricia tibiamente con su hocico, rozándolas apenas, las florecillas rosas, celestes y gualdas . . . Lo llamo dulcemente: «¿Platero?», y viene a mí con un trotecillo alegre que parece que se ríe, en no sé qué cascabeleo ideal . . .

Come cuanto le doy. Le gustan las naranjas, mandarinas, las uvas moscateles, todas de ámbar, los higos morados, con su cristalina gotita de miel . . .

Es tierno y mimoso igual que un niño, que una niña . . . ; pero fuerte y seco por dentro, como de piedra. Cuando paso sobre él, los domingos, por las últimas callejas del pueblo, los hombres del campo, vestidos de limpio y despaciosos, se quedan mirándolo:

—Tien' asero . . .

Tiene acero. Acero y plata de luna, al mismo tiempo.

II: Mariposas blancas

La noche cae, brumosa ya y morada. Vagas claridades malvas y verdes perduran tras la torre de la iglesia. El camino sube, lleno de sombras, de campanillas, de fragancia de yerba, de canciones, de cansancio y de anhelo. De pronto, un hombre oscuro, con una gorra y un pincho, roja un instante la cara fea por la luz del cigarro, baja a nosotros de una casucha miserable, perdida entre sacas de carbón. Platero se amedrenta.

—¿Ba argo?

—Vea usted . . . Mariposas blancas . . .

El hombre quiere clavar su pincho de hierro en el seroncillo, y no lo evito. Abro la alforja y él no ve nada. Y el alimento ideal pasa, libre y cándido, sin pagar su tributo a los Consumos . . .

2

I: Platero

Platero is small, thick-coated, soft; so spongy on the outside you'd say he was all of cotton, boneless. Only the jet mirrors of his eyes are hard as two black-crystal scarabs.

I let him loose, and he goes to the meadow, where with his warm muzzle, barely brushing them, he caresses the little pink, sky-blue, and yellow flowers . . . I call to him softly, "Platero?" and he comes to me at a merry little trot that makes him appear to be laughing, with a certain fanciful tinkling of bells. . . .

He eats whatever I give him. He likes oranges, mandarins, muscat grapes, all highly fragrant, and purple figs with their tiny crystalline drop of honey. . . .

He's as tender and affectionate as a little boy or girl . . . but strong and firm within, as if made of stone. When I ride him on Sundays through the outlying streets of the town, the rustics, moving slowly in their clean clothes, stop to look at him:

"He's a plucky one." . . .

He's got pluck, there's steel in him. Steel and moon-silver at the same time.

II: White Butterflies

Night is falling, already foggy and purple. Vague patches of mauve and green brightness linger behind the church tower. The road rises, filled with shadows, bellflowers, fragrant grass, songs, weariness, and yearning. Suddenly a dark man with a peaked cap and a toll-collector's pointed rod, his ugly face reddened for a moment by the light of his cigar, comes down to us from a wretched little hut buried in sacks of charcoal. Platero gets frightened.

"Anything to declare?"

"Take a look . . . White butterflies . . ."

The man wants to thrust his iron rod into the little pannier, and I offer no resistance. I open the saddlebag and he sees nothing. And the imaginary foodstuffs pass, free and frank, without paying their tribute to the revenue office. . . .

3

III: Juegos del anochecer

Cuando, en el crepúsculo del pueblo, Platero y yo entramos, ateridos, por la oscuridad morada de la calleja miserable que da al río seco, los niños pobres juegan a asustarse, fingiéndose mendigos. Uno se echa un saco a la cabeza, otro dice que no ve, otro se hace el cojo . . .

Después, en ese brusco cambiar de la infancia, como llevan unos zapatos y un vestido, y como sus madres, ellas sabrán cómo, les han dado algo de comer, se creen unos príncipes:

—Mi pare tié un reló e plata.

—Y er mío, un cabayo.

—Y er mío, una ejcopeta.

Reloj que levantará a la madrugada, escopeta que no matará el hambre, caballo que llevará a la miseria . . .

El corro, luego. Entre tanta negrura una niña forastera, que habla de otro modo, la sobrina del Pájaro Verde, con voz débil, hilo de cristal acuoso en la sombra, canta entonadamente, cual una princesa:

Yo soy laaa viudiiitaa
del Condeee de Oréé . . .

. . . ¡Sí, sí! ¡Cantad, soñad, niños pobres! Pronto, al amanecer vuestra adolescencia, la primavera os asustará, como un mendigo, enmascarada de invierno.

—Vamos, Platero . . .

IV: El eclipse

Nos metimos las manos en los bolsillos, sin querer, y la frente sintió el fino aleteo de la sombra fresca, igual que cuando se entra en un pinar espeso. Las gallinas se fueron recogiendo en su escalera amparada, una a una. Alrededor, el campo enlutó su verde, cual si el velo morado del altar mayor lo cobijase. Se vio, blanco, el mar lejano, y algunas estrellas lucieron, pálidas. ¡Cómo iban trocando blancura por blancura las azoteas! Los que estábamos en ellas nos gritábamos cosas de ingenio mejor o peor, pequeños y oscuros en aquel silencio reducido del eclipse.

Mirábamos el sol con todo: con los gemelos de teatro, con el anteojo de larga vista, con una botella, con un cristal ahumado; y desde

III: Games at Nightfall

When, in the twilight of the town, Platero and I, stiff with cold, enter the purple darkness of the wretched lane that leads to the dried-up river, the children of the poor play at scaring one another, pretending to be beggars. One of them places a sack over his head, another one says he can't see, yet another makes believe he's lame. . . .

Afterward, in one of those abrupt turnabouts peculiar to children, since they are wearing shoes and clothing, and since somehow or other their mothers have been able to give them something to eat, they think they're princes:

"My dad has a silver watch."

"Mine's got a horse."

"And mine's got a rifle."

A watch that will awaken him at dawn, a rifle that won't kill his hunger, a horse that will carry him to penury. . . .

Then they form a ring. Amid so much swarthiness, a girl from out of town, with a different accent, Green Bird's[1] niece, sings in a weak voice, a thread of watery crystal in the shadow, but in perfect tune, as if she were a princess:

> I am the widow
> of the Count of Oré . . .

. . . Yes, yes! Sing, play music, children of the poor! Soon, when your adolescence dawns, springtime will scare you, like a beggar, disguised as winter.

"Let's go, Platero." . . .

IV: The Eclipse

We put our hands in our pockets, involuntarily, and our forehead felt the gentle flutter of the cool shade, just as if we were entering a dense pinewood. The hens were retiring on their protected roost, one by one. All around, the fields put on mourning on top of their green, as if the purple veil of the high altar were covering them. The distant sea could be seen, white, and a few stars shone, palely. How the roof terraces were exchanging one whiteness for another! We who were standing on them called out more or less witty remarks, small and dark as we were in that confined silence of the eclipse.

We were looking at the sun with all available means: with opera glasses, with a high-powered telescope, through a bottle, through smoked glass;

---

1. Nicknamed for his clothing, Green Bird was a loner, a town "character."

todas partes: desde el mirador, desde la escalera del corral, desde la
ventana del granero, desde la cancela del patio, por sus cristales
granas y azules . . .

Al ocultarse el sol que, un momento antes, todo lo hacía dos, tres,
cien veces más grande y mejor con sus complicaciones de luz y oro,
todo, sin la transición larga del crepúsculo, lo dejaba solo y pobre,
como si hubiera cambiado onzas primero y luego plata por cobre. Era
el pueblo como un perro chico, mohoso y ya sin cambio. ¡Qué tristes
y qué pequeñas las calles, las plazas, la torre, los caminos de los
montes!

Platero parecía, allá en el corral, un burro menos verdadero, dife-
rente y recortado; otro burro . . .

V: Escalofrío

La luna viene con nosotros, grande, redonda, pura. En los prados
soñolientos se ven, vagamente, no sé qué cabras negras, entre las
zarzamoras . . . Alguien se esconde, tácito, a nuestro pasar . . . Sobre
el vallado, un almendro inmenso, níveo de flor y de luna, revuelta la
copa con una nube blanca, cobija el camino asaeteado de estrellas de
marzo . . . Un olor penetrante a naranjas . . . humedad y silencio . . .
La cañada de las Brujas . . .

—¡Platero, qué . . . frío!

Platero, no sé si con su miedo o con el mío, trota, entra en el arroyo,
pisa la luna y la hace pedazos. Es como si un enjambre de claras rosas
de cristal se enredara, queriendo retenerlo, a su trote . . .

Y trota Platero, cuesta arriba, encogida la grupa cual si alguien le
fuese a alcanzar, sintiendo ya la tibieza suave, que parece que nunca
llega, del pueblo que se acerca . . .

VI: La miga

Si tú vinieras, Platero, con los demás niños, a la miga, aprenderías el
a, b, c, y escribirías palotes. Sabrías tanto como el burro de las Figuras
de cera —el amigo de la Sirenita del Mar, que aparece coronado de
flores de trapo, por el cristal que muestra a ella, rosa toda, carne y oro,
en su verde elemento—; más que el médico y el cura de Palos,
Platero.

Pero, aunque no tienes más que cuatro años, ¡eres tan grandote y

and from all sides: from the balcony, from the steps in the yard, from the barn window, from the iron grille in the patio with its scarlet and blue panes. . . .

When the sun, which a moment before had made everything two, three, a hundred times bigger and better with its complications of light and gold, became hidden, without the long transition of twilight, it left everything lonely and impoverished, as if it had at first been exchanging gold coins, and then silver for copper. The town was like a nickel, moldy and already worthless as tender. How sad and small were the streets, the squares, the tower, the roads to the hills!

There in the yard Platero seemed like a less real donkey, different, a jagged outline; another donkey. . . .

V: A Chill

The moon comes with us, large, round, pure. In the sleepy meadows there can be vaguely seen some black goats or other, among the blackberry bushes. . . . Someone hides silently as we pass by. . . . On the bank, an immense almond tree, snowy with blossom and moonlight, its top tangled in a white cloud, shelters the road, which is assailed by the arrows of the March stars . . . A pungent fragrance of oranges . . . humidity and silence . . . The Witches' Gorge . . .

"Platero, how . . . cold it is!"

Platero, I don't know whether through his own fear or through mine, breaks into a trot, enters the stream, treads on the moon, and shatters it to bits. It's as if a swarm of bright crystal roses were twining around his trotting legs, seeking to hold him back. . . .

And Platero trots uphill, his rump hunched up as if someone were about to catch up with him; he already senses the gentle warmth, which it seems he'll never reach, of the town which is getting closer. . . .

VI: The Kindergarten

Platero, if you were to come to the kindergarten with the rest of the children, you'd learn the alphabet and you'd draw pothooks. You'd know as much as the donkey in the waxworks—the friend of the mermaid, the one wreathed with cloth flowers seen through the glass that shows her, all pink, flesh-color, and gold, in her green element—and you'd know more than the doctor and the priest in Palos, Platero.

But, even though you aren't over four, you're such a big lad and so in-

tan poco fino! ¿En qué sillita te ibas a sentar tú, en qué mesa ibas tú a escribir, qué cartilla ni qué pluma te bastarían, en qué lugar del corro ibas a cantar, di, el Credo?

No. Doña Domitila —de hábito de Padre Jesús de Nazareno, morado todo con el cordón amarillo, igual que Reyes, el besuguero—, te tendría, a lo mejor, dos horas de rodillas en un rincón del patio de los plátanos, o te daría con su larga caña seca en las manos, o se comería la carne de membrillo de tu merienda, o te pondría un papel ardiendo bajo el rabo y tan coloradas y tan calientes las orejas como se le ponen al hijo del aperador cuando va a llover . . .

No, Platero, no. Vente tú conmigo. Yo te enseñaré las flores y las estrellas. Y no se reirán de ti como de un niño torpón, ni te pondrán, cual si fueras lo que ellos llaman un burro, el gorro de los ojos grandes ribeteados de añil y almagra, como los de las barcas del río, con dos orejas dobles que las tuyas.

VII: El loco

Vestido de luto, con mi barba nazarena y mi breve sombrero negro, debo cobrar un extraño aspecto cabalgando en la blandura gris de Platero.

Cuando, yendo a las viñas, cruzo las últimas calles, blancas de cal con sol, los chiquillos gitanos, aceitosos y peludos, fuera de los harapos verdes, rojos y amarillos, las tensas barrigas tostadas, corren detrás de nosotros, chillando largamente:

—¡El loco! ¡El loco! ¡El loco!

. . . Delante está el campo, ya verde. Frente al cielo inmenso y puro, de un incendiado añil, mis ojos —¡tan lejos de mis oídos!— se abren noblemente, recibiendo en su calma esa placidez sin nombre, esa serenidad armoniosa y divina que vive en el sin fin del horizonte . . .

Y quedan, allá lejos, por las altas eras, unos agudos gritos, velados finamente, entrecortados, jadeantes, aburridos:

—¡El lo . . . co! ¡El lo . . . co!

VIII: Judas

¡No te asustes, hombre! ¿Qué te pasa? Vamos, quietecito . . . Es que están matando a Judas, tonto.

Sí, están matando a Judas. Tenían puesto uno en el Monturrio, otro en la calle de Enmedio, otro, ahí, en el Pozo del Concejo. Yo los vi

delicate! On what seat would *you* sit, at what desk would *you* write, what primer or what pen would be big enough for you, in which position in the circle would you chant the Apostles' Creed, tell me?

No. Doña Domitila—habited like the images of Jesus the Nazarene, all purple with a yellow cord, just like Reyes, the sea-bream vendor—would probably make you kneel for two hours in a corner of the patio with the sycamores, or she'd rap your forelegs with her long, thin rattan, or she'd eat up the quince pulp you had brought for lunch, or she'd put a burning paper under your tail and she'd make your ears as red and hot as the field foreman's son's get when it's going to rain. . . .

No, Platero, no. Come with me. I'll teach you the flowers and the stars. And people won't laugh at you the way they laugh at a slow child, nor, as if you were what they call a donkey, will they make you wear the cap with the big eyes rimmed with indigo and red ocher, like the ones on the river boats, with two ears twice as big as yours.

VII: The Madman

Dressed in mourning, with my Nazarene beard and my narrow black hat, I must cut a strange figure as I ride on Platero's soft gray back.

When, coming to the vineyards, I cross the outlying streets, whitewashed in the sunlight, the little Gypsy children, greasy and long-haired, their taut, tanned bellies hanging out of their green, red, and yellow tatters, run after us, screeching at length:

"The madman! The madman! The madman!"

Before us are the fields, already green. Facing the immense, clear sky, of a blazing indigo, my eyes—so far from my ears!—open nobly, welcoming in its calm that indescribable placidity, that harmonious, divine serenity which dwells in the limitlessness of the horizon. . . .

And far back, on the high threshing floors, there linger a few high-pitched cries, subtly veiled, faltering, panting, bored:

"The mad . . . man! The mad . . . man!"

VIII: Judas

"Don't be scared, fellow! What's wrong with you? Come on, calm down . . . They're just killing Judas, silly!"

Yes, they're killing Judas. They had placed one on the Monturrio, another on the Calle de Enmedio, and another there at the Council Well. I saw them

anoche, fijos como por una fuerza sobrenatural en el aire, invisible en la oscuridad la cuerda que, de doblado a balcón, los sostenía. ¡Qué grotescas mescolanzas de viejos sombreros de copa y mangas de mujer, de caretas de ministros y miriñaques, bajo las estrellas serenas! Los perros les ladraban sin irse del todo, y los caballos, recelosos, no querían pasar bajo ellos . . .

Ahora las campanas dicen, Platero, que el velo del altar mayor se ha roto. No creo que haya quedado escopeta en el pueblo sin disparar a Judas. Hasta aquí llega el olor de la pólvora. ¡Otro tiro! ¡Otro!

. . . Sólo que Judas, hoy, Platero, es el diputado, o la maestra, o el forense, o el recaudador, o el alcalde, o la comadrona; y cada hombre descarga su escopeta cobarde, hecho niño esta mañana del Sábado Santo, contra el que tiene su odio, en una superposición de vagos y absurdos simulacros primaverales.

IX: Las brevas

Fue el alba neblinosa y cruda, buena para las brevas, y, con las seis, nos fuimos a comerlas a la Rica.

Aún, bajo las grandes higueras centenarias, cuyos troncos grises enlazaban en la sombra fría, como bajo una falda, sus muslos opulentos, dormitaba la noche; y las anchas hojas—que se pusieron Adán y Eva—atesoraban un fino tejido de perlillas de rocío que empalidecía su blanda verdura. Desde allí dentro se veía, entre la baja esmeralda viciosa, la aurora que rosaba, más viva cada vez, los velos incoloros del oriente.

. . . Corríamos, locos, a ver quién llegaba antes a cada higuera. Rociillo cogió conmigo la primera hoja de una, en un sofoco de risas y palpitaciones. —Toca aquí. Y me ponía mi mano, con la suya, en su corazón, sobre el que el pecho joven subía y bajaba como una menuda ola prisionera—. Adela apenas sabía correr, gordinflona y chica, y se enfadaba desde lejos. Le arranqué a Platero unas cuantas brevas maduras y se las puse sobre el asiento de una cepa vieja, para que no se aburriera.

El tiroteo lo comenzó Adela, enfadada por su torpeza, con risas en la boca y lágrimas en los ojos. Me estrelló una breva en la frente. Seguimos Rociillo y yo y, más que nunca por la boca, comimos brevas por los ojos, por la nariz, por las mangas, por la nuca, en un griterío agudo y sin tregua, que caía, con las brevas desapuntadas, en las viñas frescas del amanecer. Una breva le dio a Platero, y ya fue él blanco de

last night, stationary in the air as if held by some supernatural power, since in the darkness you couldn't see the cord, running from attic to balcony, that held them up. What grotesque combinations of old high hats and ladies' sleeves, ministers' masks and crinolines, beneath the serene stars! The dogs were barking at them but not leaving the spot, and the suspicious horses refused to walk under them. . . .

Now, Platero, the church bells are announcing that the veil of the high altar has been rent. I don't think there's a rifle in town that hasn't fired at Judas. The smell of the powder is coming all the way here. Another shot! Another!

. . . Except that today, Platero, Judas is the congressman, or the schoolmarm, or the attorney, or the tax collector, or the mayor, or the midwife; and every man, turned into a child on this Easter Saturday morning, is firing his cowardly gun at whoever has kindled his anger, in an overlapping of vague, absurd springtime ritual shows.

IX: The Early Figs

The dawn was misty and raw, good for early figs, and at six we went to eat them at Rica farm.

Beneath the large, centuries-old fig trees, whose gray trunks entwined their opulent thighs in the cold darkness, as if under a skirt, the night was still drowsing; and the broad leaves—which Adam and Eve wore—were amassing a subtle web of tiny dewdrops which turned their soft green pale. From their midst, within the luxuriant low emerald, could be seen the dawn, which, with greater and greater vividness, was turning pink the colorless veils of the eastern sky.

. . . Like lunatics, we were running to see who would reach every fig tree first. Together with me Rociillo caught the first leaf of one, amid breathless laughter and palpitations. "Feel here." And she put my hand along with hers on her heart, above which her young bosom was rising and falling like a tiny captive wave. Adela, small and chubby, was barely able to run, and she became angry way back there. I picked a few ripe figs for Platero and put them on the base of an old grapevine for him, so he wouldn't get bored.

The throwing was begun by Adela, angry at her own clumsiness, with laughter on her lips and tears in her eyes. She smashed a fig against my forehead. Rociillo and I followed, and more than we ever had with our mouths, we now ate figs with our eyes, our noses, our sleeves, our napes, amid high-pitched, unceasing shouts which fell, along with the unstitched figs, in the cool vineyard of the dawn. One fig hit Platero, and now he was the butt of the

la locura. Como el infeliz no podía defenderse ni contestar, yo tomé su partido; y un diluvio blando y azul cruzó el aire puro, en todas direcciones, como una metralla rápida.

Un doble reír, caído y cansado, expresó desde el suelo el femenino rendimiento.

X: ¡Ángelus!

Mira, Platero, qué de rosas caen por todas partes: rosas azules, rosas, blancas, sin color . . . Diríase que el cielo se deshace en rosas. Mira cómo se me llenan de rosas la frente, los hombros, las manos . . . ¿Qué haré yo con tantas rosas?

¿Sabes tú, quizás, de dónde es esta blanda flora, que yo no sé de dónde es, que enternece, cada día, el paisaje y lo deja dulcemente rosado, blanco y celeste —más rosas, más rosas—, como un cuadro de Fra Angélico, el que pintaba la gloria de rodillas?

De las siete galerías del Paraíso se creyera que tiran rosas a la tierra. Cual en una nevada tibia y vagamente colorida, se quedan las rosas en la torre, en el tejado, en los árboles. Mira: todo lo fuerte se hace, con su adorno, delicado. Más rosas, más rosas, más rosas . . .

Parece, Platero, mientras suena el Ángelus, que esta vida nuestra pierde su fuerza cotidiana, y que otra fuerza de adentro, más altiva, más constante y más pura, hace que todo, como en surtidores de gracia, suba a las estrellas, que se encienden ya entre las rosas . . . Más rosas . . . Tus ojos, que tú no ves, Platero, y que alzas mansamente al cielo, son dos bellas rosas.

XI: El moridero

Tú, si te mueres antes que yo, no irás Platero mío, en el carrillo del pregonero, a la marisma inmensa, ni al barranco del camino de los montes, como los otros pobres burros, como los caballos y los perros que no tienen quien los quiera. No serás, descarnadas y sangrientas tus costillas por los cuervos —tal la espina de un barco sobre el ocaso grana—, el espectáculo feo de los viajantes de comercio que van a la estación de San Juan, en el coche de las seis; ni, hinchado y rígido entre las almejas podridas de la gavia, el susto de los niños que, temerarios y curiosos, se asoman al borde de la cuesta, cogiéndose a las ramas, cuando salen, las tardes de domingo, al otoño, a comer piñones tostados por los pinares.

madness. Since the unhappy fellow could neither defend himself nor fight back, I took his side; and a soft, blue deluge crisscrossed the clear air in all directions, like rapid grapeshot.

A double laughter, weak and weary, from the ground announced the girls' fatigue.

X: Angelus!

Look, Platero, so many roses are falling everywhere: blue, pink, white, colorless roses. . . . You'd think the sky was crumbling into roses. See how my forehead, shoulders, and hands are full of roses. . . . What am I to do with so many roses?

Do you perhaps know where these soft flowers are coming from (I don't know where they come from) which daily make the landscape tender, leaving it gently pink, white, and sky-blue—more roses, more roses—like a picture by Fra Angelico, who painted the glory of heaven while kneeling?

You'd think that from the seven galleries of Paradise roses were being thrown onto the earth. As in a warm, vaguely colored snowfall, the roses remain on the tower, on the roof, on the trees. Look: all that is strong is becoming delicate, with that adornment. More roses, more roses, more roses . . .

Platero, it seems, while the Angelus is ringing, that this life of ours is losing its everyday strength, and that a different strength from within, loftier, more constant, and purer, is causing everything, as if in fountain jets of grace, to rise to the stars, which are already igniting amid the roses. . . . More roses . . . Your eyes, which you can't see, Platero, and which you are mildly raising skyward, are two beautiful roses.

XI: The Burial Place

If you die before I do, my Platero, you won't be carried on the vendor's pushcart to the immense salt marsh, nor to the ravine alongside the road to the mountains, like the other poor donkeys, like the horses and dogs who have no one to love them. Your bleeding ribs, picked clean by the crows, like the skeleton of a boat against the scarlet sunset, will not be an ugly sight for the traveling salesmen on their way to the San Juan station on the six A.M. coach; nor, swollen and stiff amid the rotting clams in the moat, will you frighten the children who rashly and inquisitively peer over the edge of the hill, clutching the boughs, when they go out on autumn Sunday afternoons to eat roasted pine seeds in the pinewoods.

Vive tranquilo, Platero. Yo te enterraré al pie del pino grande y re-
dondo del huerto de la Piña, que a ti tanto te gusta. Estarás al lado de
la vida alegre y serena. Los niños jugarán y coserán las niñas en sus si-
llitas bajas a tu lado. Sabrás los versos que la soledad me traiga. Oirás
cantar a las muchachas cuando lavan en el naranjal y el ruido de la
noria será gozo y frescura de tu paz eterna. Y, todo el año, los jilgueros,
los chamarices y los verdones te pondrán, en la salud perenne de la
copa, un breve techo de música entre tu sueño tranquilo y el infinito
cielo de azul constante de Moguer.

XII: La púa

Entrando en la dehesa de los Caballos, Platero ha comenzado a cojear.
Me he echado al suelo . . .
—Pero, hombre, ¿qué te pasa?
Platero ha dejado la mano derecha un poco levantada, mostrando la
ranilla, sin fuerza y sin peso, sin tocar casi con el casco la arena ar-
diente del camino.
Con una solicitud mayor, sin duda, que la del viejo Darbón, su
médico, le he doblado la mano y le he mirado la ranilla roja. Una púa
larga y verde, de naranjo sano, está clavada en ella como un redondo
puñalillo de esmeralda. Estremecido del dolor de Platero, he tirado de
la púa; y me lo he llevado al pobre al arroyo de los lirios amarillos, para
que el agua corriente le lama, con su larga lengua pura, la heridilla.
Después, hemos seguido hacia la mar blanca, yo delante, él detrás,
cojeando todavía y dándome suaves topadas en la espalda . . .

XIII: Golondrinas

Ahí la tienes ya, Platero, negrita y vivaracha en su nido gris del cuadro
de la Virgen de Montemayor, nido respetado siempre. Está la infeliz
como asustada. Me parece que esta vez se han equivocado las pobres
golondrinas, como se equivocaron, la semana pasada, las gallinas,
recogiéndose en su cobijo cuando el sol de las dos se eclipsó. La pri-
mavera tuvo la coquetería de levantarse este año más temprano, pero
ha tenido que guardar de nuevo, tiritando, su tierna desnudez en el
lecho nublado de marzo. ¡Da pena ver marchitarse, en capullo, las
rosas vírgenes del naranjal!

Live in peace, Platero. I shall bury you at the foot of the large, round pine in the orchard at La Piña, which you like so much. You will remain alongside cheerful, serene life. The little boys will play and the little girls will sew beside you on their little low chairs. You will get to hear the verses that the solitude will inspire in me. You'll hear the older girls singing when they wash clothes in the orange grove, and the sound of the waterwheel will be a joy and solace to your eternal peace. And all year long the goldfinches, greenfinches, and vireos, in the perennial freshness of the treetop, will create for you a small musical ceiling between your tranquil slumber and Moguer's infinite, ever-blue sky.

XII: The Sharp Point

Upon entering the Horse Pasture, Platero began to limp. I dismounted. . . .

"But, fellow, what's the matter?"

Platero raised his right foreleg slightly, showing the horny pad of his hoof, exerting no strength and placing no weight on it, almost without his hoof touching the burning sand of the road.

With a solicitude no doubt greater than that of old Darbón, his veterinarian, I bent his foreleg and looked at his red pad. A long green sharp point, from a healthy orange tree, was stuck in it like a little cylindrical emerald dagger. Shaken by Platero's pain, I tugged at the barb, and I took the poor fellow to the stream with the yellow irises, so that the running water could lick this little wound with its long, pure tongue.

Afterward, we continued on in the direction of the white sea, I in front, he behind, still limping and butting me gently in the back. . . .

XIII: Swallows

There you have her, Platero, black and lively in her gray nest in the grouping of the Virgin of Montemayor,[2] a nest always respected. The poor creature seems to be scared. I think the poor swallows made a mistake this time, just as the hens made a mistake last week when they withdrew into their shelter when the two P.M. sun was eclipsed. The springtime was coquettish enough to get up earlier this year, but then it had to keep its tender, shivering nudity in March's cloudy bed again. It's a pity to see the virginal roses of the orange grove wither in the bud!

---

2. In a shrine on one of the family farms.

Están ya aquí, Platero, las golondrinas y apenas se las oye, como otros años, cuando el primer día de llegar lo saludan y lo curiosean todo, charlando sin tregua en su rizado gorjeo. Le contaban a las flores lo que habían visto en África, sus dos viajes por el mar, echadas en el agua, con el ala por vela, o en las jarcias de los barcos; de otros ocasos, de otras auroras, de otras noches con estrellas . . .

No saben qué hacer. Vuelan mudas, desorientadas, como andan las hormigas cuando un niño les pisotea el camino. No se atreven a subir y bajar por la calle Nueva en insistente línea recta con aquel adornito al fin, ni a entrar en sus nidos de los pozos, ni a ponerse en los alambres del telégrafo, que el norte hace zumbar, en su cuadro clásico de carteras, junto a los aisladores blancos . . . ¡Se van a morir de frío, Platero!

XIV: La cuadra

Cuando, al mediodía, voy a ver a Platero, un transparente rayo del sol de las doce enciende un gran lunar de oro en la plata blanda de su lomo. Bajo su barriga, por el oscuro suelo, vagamente verde, que todo lo contagia de esmeralda, el techo viejo llueve claras monedas de fuego.

Diana, que está echada entre las patas de Platero, viene a mí, bailarina, y me pone sus manos en el pecho, anhelando lamerme la boca con su lengua rosa. Subida en lo más alto del pesebre, la cabra me mira curiosa, doblando la fina cabeza de un lado y de otro, con una femenina distinción. Entretanto, Platero, que, antes de entrar yo, me había ya saludado con un levantado rebuzno, quiere romper su cuerda, duro y alegre al mismo tiempo.

Por el tragaluz, que trae el irisado tesoro del cenit, me voy un momento, rayo de sol arriba, al cielo, desde aquel idilio. Luego, subiéndome a una piedra, miro el campo.

El paisaje verde nada en la lumbrarada florida y soñolienta, y en el azul limpio que encuadra el muro astroso, suena, dejada y dulce, una campana.

XV: El potro castrado

Era negra, con tornasoles granas, verdes y azules, todos de plata, como los escarabajos y los cuervos. En sus ojos nuevos rojeaba a veces un fuego vivo, como en el puchero de Ramona, la castañera de la plaza

The swallows are already here, Platero, but you can scarcely hear them, as in other years, when on the first day of their arrival they greet and pry into everything, chattering ceaselessly with their ripply twitter. They were telling the flowers what they had seen in Africa, about their two journeys across the sea, floating on the water with their wings for sails, or riding on the rigging of the ships; about unfamiliar sunsets, unfamiliar dawns, unfamiliar starry nights . . .

They don't know what to do. They fly about in silence, disoriented, the way ants crawl when a child tramples down their pathway. They don't dare to rise and fall along the Calle Nueva in their persistent straight line with that flourish at the end, nor to enter their nests in the wells, nor to alight on the telegraph wires, which the north wind causes to hum, in their classic image as letter carriers, alongside the white porcelain insulators. . . . They're going to die of cold, Platero!

XIV: The Stable

When I go to look at Platero at midday, a transparent noontide sunbeam ignites a large gold circle on the soft silver of his back. Under his belly, on the dark floor, vaguely green, which infects everything with emerald, the old ceiling rains down bright fiery coins.

Diana, stretched out between Platero's hind legs, comes to me like a dancer and puts her forepaws on my chest, eager to lick my mouth with her pink tongue. Perched on the highest part of the manger, the goat observes me with curiosity, bending her delicate head this way and that, with feminine refinement. Meanwhile Platero, who before I came in had already greeted me with a loud bray, stern and cheerful at the same time, tries to break his cord.

Through the transom, which brings the rainbow treasure of the zenith, I momentarily depart up a sunbeam heavenward, from that idyllic spot. Then, climbing onto a boulder, I observe the countryside.

The green landscape is swimming in the flowery, drowsy glare, and in the clear blue that enframes the shabby wall a church bell rings lazily and sweetly.

XV: The Castrated Colt

He was black, with scarlet, green, and blue iridescences, all silvery like those on beetles and crows. In his young eyes a vivid fire grew red at times, as in the cauldron of Ramona, the chestnut vendor in the Plaza del Marqués. The

del Marqués. ¡Repiqueteo de su trote corto, cuando de la Friseta de
arena, entraba, campeador, por los adoquines de la calle Nueva! ¡Qué
ágil, qué nervioso, qué agudo fue, con su cabeza pequeña y sus remos
finos!

Pasó, noblemente, la puerta baja del bodegón, más negro que él
mismo sobre el colorado sol del Castillo, que era fondo deslumbrante
de la nave, suelto el andar, juguetón con todo. Después, saltando el
tronco de pino, umbral de la puerta, invadió de alegría el corral verde
y de estrépito de gallinas, palomos y gorriones. Allí lo esperaban cua-
tro hombres, cruzados los velludos brazos sobre las camisetas de
colores. Lo llevaron bajo la pimienta. Tras una lucha áspera y breve,
cariñosa un punto, ciega luego, lo tiraron sobre el estiércol y, sentados
todos sobre él, Darbón cumplió su oficio, poniendo un fin a su luctuo-
sa y mágica hermosura.

Thy unus'd beauty must be tomb'd with thee,
Which used, lives th' executor to be,

—dice Shakespeare a su amigo.

. . . Quedó el potro, hecho caballo, blando, sudoroso, extenuado y
triste. Un solo hombre lo levantó, y tapándolo con una manta, se lo
llevó, lentamente, calle abajo.

¡Pobre nube vana, rayo ayer, templado y sólido! Iba como un libro
descuadernado. Parecía que ya no estaba sobre la tierra, que entre sus
herraduras y las piedras, un elemento nuevo lo aislaba, dejándolo sin
razón, igual que un árbol desarraigado, cual un recuerdo, en la
mañana violenta, entera y redonda de Primavera.

XVI: La casa de enfrente

¡Qué encanto siempre, Platero, en mi niñez, el de la casa de enfrente
a la mía! Primero, en la calle de la Ribera, la casilla de Arreburra, el
aguador, con su corral al sur, dorado siempre de sol, desde donde yo
miraba Huelva, encaramándome en la tapia. Alguna vez me dejaban
ir, un momento, y la hija de Arreburra, que entonces me parecía una
mujer y que ahora, ya casada, me parece como entonces, me daba
azamboas y besos . . . Después, en la calle Nueva —luego Cánovas,
luego Fray Juan Pérez—, la casa de don José, el dulcero de Sevilla,
que me deslumbraba con sus botas de cabritilla de oro, que ponía en

clatter of his easy trot, when from the sandy Calle de la Friseta he entered martially onto the paving of the Calle Nueva! How agile, how sinewy, how keen he was, with his small head and delicate legs!

Nobly he passed through the low door to the winery, blacker than he was against the red sun of the Castle, which formed a dazzling backdrop to the inner space; his pace was free, he was playful with everything. Afterward, jumping the pine log that served as threshold, he merrily invaded the green courtyard, alarming the hens, doves, and sparrows. There he was awaited by four men, their hairy arms folded in front of their multicolored short-sleeved shirts. They brought him under the peppertree. After a brief rough struggle, which was affectionate for a moment but then wild, they dragged him onto the manure heap and, while they all sat on him, Darbón did his job, putting an end to his mournful, magical loveliness.

Thy unus'd beauty must be tomb'd with thee,
Which used, lives th' executor to be,[3]

Shakespeare says to his friend.

. . . The colt, now a gelding, remained there weak, sweaty, exhausted, and sad. A single man picked him up, covered him with a blanket, and slowly carried him down the street.

Poor hopeless cloud, yesterday a solid, tempered sunbeam! He was like a disbound book. He no longer seemed to be on the ground; between his shoes and the stones a new element seemed to insulate him, leaving him meaningless, like an uprooted tree, like a memory, in the violent, intact, firm spring morning.

XVI: The House Across the Way

Platero, what a delight it always was in my childhood, the house across the way from mine! First, on the Calle de la Ribera, the little house of Arreburra, the water carrier, with its yard to the south always golden with sunlight, from which I observed Huelva, climbing up onto the adobe wall. At times I was allowed to go there for a while, and Arreburra's daughter, who then seemed like a grown woman to me and who now, already married, still looks to me as she did then, would give me citrons and kisses. . . . Afterward, on the Calle Nueva—later called Cánovas, then Fray Juan Pérez—the house of Don José, the confectioner from Seville, who dazzled me with his golden kid boots, who

---

3. Final lines of Sonnet IV.

la pita de su patio cascarones de huevos, que pintaba de amarillo canario con fajas de azul marino las puertas de su zaguán, que venía, a veces, a mi casa, y mi padre le daba dinero, y él le hablaba siempre del olivar . . . ¡Cuántos sueños le ha mecido a mi infancia, esa pobre pimienta que, desde mi balcón, veía yo, llena de gorriones, sobre el tejado de don José! —Eran dos pimientas, que no uní nunca: una, la que veía, copa con viento o sol, desde mi balcón; otra, la que veía en el corral de don José, desde su tronco . . .

Las tardes claras, las siestas de lluvia, a cada cambio leve de cada día o de cada hora, ¡qué interés, qué atractivo tan extraordinario, desde mi cancela, desde mi ventana, desde mi balcón, en el silencio de la calle, el de la casa de enfrente!

XVII: El niño tonto

Siempre que volvíamos por la calle de San José, estaba el niño tonto a la puerta de su casa, sentado en su sillita, mirando el pasar de los otros. Era uno de esos pobres niños a quienes no llega nunca el don de la palabra ni el regalo de la gracia; niño alegre él y triste de ver; todo para su madre, nada para los demás.

Un día, cuando pasó por la calle blanca aquel mal viento negro, no vi ya al niño en su puerta. Cantaba un pájaro en el solitario umbral, y yo me acordé de Curros, padre más que poeta, que, cuando se quedó sin su niño, le preguntaba por él a la mariposa gallega:

Volvoreta d'aliñas douradas. . . .

Ahora que viene la primavera, pienso en el niño tonto, que desde la calle de San José se fue al cielo. Estará sentado en su sillita, al lado de las rosas únicas, viendo con sus ojos, abiertos otra vez, el dorado pasar de los gloriosos.

XVIII: La fantasma

La mayor diversión de Anilla la Manteca, cuya fogosa y fresca juventud fue manadero sin fin de alegrones, era vestirse de fantasma. Se envolvía toda en una sábana, añadía harina al azucenón de su rostro, se ponía dientes de ajo en los dientes, y cuando, ya después de cenar,

put eggshells on the agave in his patio, who painted the doors to his entranceway canary yellow with aquamarine stripes, who sometimes came to my house, when my father would give him money and he would always talk to him about the olive grove. . . . All those dreams that cradled my early childhood, that poor peppertree I saw from my balcony, full of sparrows, protruding above Don José's roof! There were two peppertrees that I never joined up in my mind: one that I saw from my balcony, its top either windblown or sunny, and the one that I saw in Don José's yard, standing beside its trunk. . . .

On bright afternoons, at rainy siesta times, at each slight change every day or every hour, so much of interest, such an extraordinary attraction, from my patio grille, from my window, from my balcony, in the silence of the street, was to be found in the house across the way!

XVII: The Retarded Boy

Whenever we returned home by way of the Calle de San José, the retarded boy was at the door of his house sitting on his little chair, watching the others go by. He was one of those poor children who never receive the gift of speech or the gift of grace; he was a cheerful child, but sad to see; everything to his mother, nothing to anyone else.

One day, after that evil black wind passed through the white street, I failed to see the boy in his doorway. A bird was singing on the solitary threshold, and I remembered Curros,[4] more of a father than a poet who, when lamenting the loss of his child, asked the Galician butterfly for news of him:

Butterfly with little gilded wings. . . .

Now that spring is coming, I think about the retarded boy, who from the Calle de San José ascended to heaven. He must be sitting on his little chair beside the unique roses, watching with his once-more open eyes the golden passing to and fro of the souls in glory.

XVIII: The Ghost

The chief pastime of Anilla la Manteca, whose fiery, lively youth was an unlimited source of merry tricks, was to dress up as a ghost. She'd wrap herself up completely in a sheet, add flour to her already lily-white face, and place garlic-clove teeth over her own teeth; and when, after supper, we were

---

4. Manuel Curros Enríquez (1851–1908), a poet who wrote in Galician.

soñábamos, medio dormidos, en la salita, aparecía ella de improviso por la escalera de mármol, con un farol encendido, andando lenta, imponente y muda. Era, vestida ella de aquel modo, como si su desnudez se hubiese hecho túnica. Sí. Daba espanto la visión sepulcral que traía de los altos oscuros, pero, al mismo tiempo, fascinaba su blancura sola, con no sé qué plenitud sensual . . .

Nunca olvidaré, Platero, aquella noche de setiembre. La tormenta palpitaba sobre el pueblo hacía una hora, como un corazón malo, descargando agua y piedra entre la desesperadora insistencia del relámpago y del trueno. Rebosaba ya el aljibe e inundaba el patio. Los últimos acompañamientos —el coche de las nueve, las ánimas, el cartero— habían ya pasado . . . Fui, tembloroso, a beber al comedor, y en la verde blancura de un relámpago, vi el eucalipto de las Velarde —el árbol del cuco, como le decíamos, que cayó aquella noche—, doblado todo sobre el tejado de alpende . . .

De pronto, un espantoso ruido seco, como la sombra de un grito de luz que nos dejó ciegos, conmovió la casa. Cuando volvimos a la realidad, todos estábamos en sitio diferente del que teníamos un momento antes y como solos todos, sin afán ni sentimiento de los demás. Uno se quejaba de la cabeza, otro de los ojos, otro del corazón . . . Poco a poco fuimos tornando a nuestros sitios.

Se alejaba la tormenta . . . La luna, entre unas nubes enormes que se rajaban de abajo a arriba, encendía de blanco en el patio el agua que todo lo colmaba. Fuimos mirándolo todo. *Lord* iba y venía a la escalera del corral, ladrando loco. Lo seguimos . . . Platero; abajo ya, junto a la flor de noche que, mojada, exhalaba un nauseabundo olor, la pobre Anilla, vestida de fantasma, estaba muerta, aún encendido el farol en su mano negra por el rayo.

XIX: Paisaje grana

La cumbre. Ahí está el ocaso, todo empurpurado, herido por sus propios cristales, que le hacen sangre por doquiera. A su esplendor, el pinar verde se agria, vagamente enrojecido; y las hierbas y las florecillas, encendidas y transparentes, embalsaman el instante sereno de una esencia mojada, penetrante y luminosa.

Yo me quedo extasiado en el crepúsculo. Platero, granas de ocaso sus ojos negros, se va, manso, a un charquero de aguas de carmín, de rosa, de violeta; hunde suavemente su boca en los espejos, que parece

drowsing half-asleep in our little parlor, she'd suddenly appear on the marble staircase with a lighted lantern, walking slowly, impressively, and silently. Dressed in that fashion, her nudity seemed to have become a tunic. Yes. The funereal vision she brought down from the dark upper regions was frightening, but at the same time, her whiteness alone was fascinating, with some sort of sensual plenitude. . . .

Platero, I shall never forget that September night. The storm had been throbbing over the town for an hour, like a sick heart, discharging rain and hail amid the disheartening persistence of the lightning and thunder. The cistern was already overflowing and flooding the patio. The last accompaniments—the nine P.M. coach, the evening bell, the postman—had already passed. . . . Trembling, I went to the dining room for a drink, and in the green whiteness of a lightning flash, I saw the eucalyptus of the Velarde ladies—the cuckoo tree, as we called it, which fell that night—completely bent over the roof of the shed. . . .

Suddenly a fearful sharp crack, like the shadow of a scream of light that blinded us, shook the house. When we returned to reality, we were all standing in different places from a moment before and each of us as if alone, with no anxiety or feeling for the others. One person was complaining about his head, another about his eyes, another about his heart. . . . Gradually we returned to our former places.

The storm was moving away. . . . The moon, amid huge clouds that were being slashed from the bottom up, shed a white flame in the patio on the water that filled all of it. We were observing everything. Lord was going and coming from the stairs in the courtyard, barking like mad. We followed him. . . . Platero: already at the foot of the stairs, next to the night flower which, with the moisture, was emitting a nauseating smell, poor Anilla, dressed as a ghost, lay dead, the lantern still lit in her lightning-blackened hand.

XIX: Scarlet Landscape

The summit. Here is the sunset, all empurpled, wounded by the splinters of its own crystals, which are drawing blood from it everywhere. In its splendor, the green pinewood becomes wilder, vaguely reddened; and the grasses and flowers, ignited and transparent, perfume the serene moment with a damp, penetrating, and luminous aroma.

I remain in ecstasy before the twilight. Platero, his black eyes scarlet with sunset, walks gently to a puddle of crimson, pink, and violet waters; he softly immerses his lips into the mirrors, which seem to liquefy as he touches them;

que se hacen líquidos al tocarlos él; y hay por su enorme garganta como un pasar profuso de umbrías aguas de sangre.

El paraje es conocido, pero el momento lo trastorna y lo hace extraño, ruinoso y monumental. Se dijera, a cada instante, que vamos a descubrir un palacio abandonado . . . La tarde se prolonga más allá de sí misma, y la hora, contagiada de eternidad, es infinita, pacífica, insondable . . .

—Anda, Platero . . .

XX: El loro

Estábamos jugando con Platero y con el loro, en el huerto de mi amigo, el médico francés, cuando una mujer joven, desordenada y ansiosa, llegó, cuesta abajo, hasta nosotros. Antes de llegar, avanzando el negro ver angustiado a mí, me había suplicado:

—Zeñorito: ¿ejtá ahí eze médico?

Tras ella venían ya unos chiquillos astrosos, que, a cada instante, jadeando, miraban camino arriba; al fin, varios hombres que traían a otro, lívido y decaído. Era un cazador furtivo de esos que cazan venados en el coto de Doñana. La escopeta, una absurda escopeta vieja amarrada con tomiza, se le había reventado, y el cazador traía el tiro en un brazo.

Mi amigo se llegó, cariñoso, al herido, le levantó unos míseros trapos que le habían puesto, le lavó la sangre y le fue tocando huesos y músculos. De vez en cuando me decía:

—*Ce n'est rien*. . . .

Caía la tarde. De Huelva llegaba un olor a marisma, a brea, a pescado . . . Los naranjos redondeaban, sobre el poniente rosa, sus apretados terciopelos de esmeralda. En una lila, lila y verde, el loro, verde y rojo, iba y venía, curioseándonos con sus ojitos redondos.

Al pobre cazador se le llenaban de sol las lágrimas saltadas; a veces, dejaba oír un ahogado grito. Y el loro:

—*Ce n'est rien* . . .

Mi amigo ponía al herido algodones y vendas . . .

El pobre hombre:

—¡Aaay!

Y el loro, entre las lilas:

—*Ce n'est rien* . . . *Ce n'est rien* . . .

and in his huge throat there is something like a profuse passing of shaded bloody waters.

The spot is a familiar one, but the moment changes it completely and makes it strange, a place of monumental ruins. You'd think that any moment we would discover an abandoned palace. . . . The evening extends beyond its normal limits, and the hour, infected with eternity, is infinite, peaceful, unfathomable. . . .

"Get along, Platero . . ."

XX: The Parrot

We were playing with Platero and with the parrot, in the orchard of my friend, the French doctor, when a young woman, disheveled and worried, came downhill to where we were. Before reaching us, she had fixed her anguished dark eyes on me, asking imploringly:

"Young master, is the doctor here?"

Now she was followed by a few shabby children, who looked back up the road, panting, every moment; finally, several men carrying another man, livid and weak. He was one of those poachers who hunt deer in the Coto de Donaña.[5] His gun, an absurd old gun tied together with esparto, had exploded, and the hunter had been shot in the arm.

My friend went up to the wounded man warmly, removed a few miserable rags that had been put on him, washed away the blood, and proceeded to palpate his bones and muscles. Every so often he'd say to me:

"Ce n'est rien." . . .[6]

Evening was falling. From Huelva there came a smell of salt marsh, tar, fish. . . . The orange trees were spreading their clusters of emerald velvet against the pink sunset. On a lilac bush, lilac and green, the parrot, green and red, walked to and fro, staring at us inquisitively with its little round eyes.

The tears that the poor hunter had shed were filled with sunlight; at times he emitted a stifled cry. And the parrot:

"Ce n'est rien." . . .

My friend put cotton and bandages on the wounded man. . . .

The poor man:

"Ay!"

And the parrot, amid the lilacs:

"Ce n'est rien. . . . Ce n'est rien." . . .

---

5. A forest between Huelva and Cádiz, now a national park and wildlife preserve.
6. "Nothing serious."

XXI: La azotea

Tú, Platero, no has subido nunca a la azotea. No puedes saber qué honda respiración ensancha el pecho, cuando al salir a ella de la escalerilla oscura de madera, se siente uno quemado en el sol pleno del día, anegado de azul como al lado mismo del cielo, ciego del blancor de la cal, con la que, como sabes, se da al suelo de ladrillo para que venga limpia al aljibe el agua de las nubes.

¡Qué encanto el de la azotea! Las campanas de la torre están sonando en nuestro pecho, al nivel de nuestro corazón, que late fuerte; se ven brillar, lejos, en las viñas, los azadones, con una chispa de plata y sol; se domina todo: las otras azoteas, los corrales, donde la gente, olvidada, se afana, cada uno en lo suyo —el sillero, el pintor, el tonelero—; las manchas de arbolado de los corralones, con el toro o la cabra; el cementerio, a donde a veces, llega, pequeñito, apretado y negro, un inadvertido entierro de tercera; ventanas con una muchacha en camisa que se peina, descuidada, cantando; el río, con un barco que no acaba de entrar; graneros, donde un músico solitario ensaya el cornetín, o donde el amor violento hace, redondo, ciego y cerrado, de las suyas . . .

La casa desaparece como un sótano. ¡Qué extraña, por la montera de cristales, la vida ordinaria de abajo: las palabras, los ruidos, el jardín mismo, tan bello desde él; tú, Platero, bebiendo en el pilón, sin verme, o jugando, como un tonto, con el gorrión o la tortuga!

XXII: Retorno

Veníamos los dos, cargados, de los montes: Platero, de almoraduj; yo, de lirios amarillos.

Caía la tarde de abril. Todo lo que en el poniente había sido cristal de oro, era luego cristal de plata, una alegoría, lisa y luminosa, de azucenas de cristal. Después, el vasto cielo fue cual un zafiro transparente, trocado en esmeralda. Yo volvía triste . . .

Ya en la cuesta, la torre del pueblo, coronada de refulgentes azulejos, cobraba, en el levantamiento de la hora pura, un aspecto monumental. Parecía, de cerca, como una Giralda vista de lejos, y mi nostalgia de ciudades, aguda con la primavera, encontraba en ella un consuelo melancólico.

Retorno . . . ¿adónde?, ¿de qué?, ¿para qué? . . . Pero los lirios que venían conmigo olían más en la frescura tibia de la noche que se en-

XXI: The Roof Terrace

You, Platero, have never gone up to the roof terrace. You can't have any idea of how one's deep breathing expands one's chest when, arriving up there by the little dark wooden staircase, a person feels scorched in the full sunlight of the day, drowned in azure as if alongside heaven itself, and blinded by the gleam of the whitewash, which, as you know, is applied to the brick surface so that the rainwater will arrive clean in the cistern.

What a delight the terrace is! The bells from the church tower resound in our own bosom, at the level of our heart, which beats strongly; yonder, in the vineyards, the hoes can be seen shining, with a spark of silver and sunlight; one dominates everything: the other terraces, the courtyards, where the people toil, forgetting all else, each man at his own trade, the saddler, the painter, the cooper; the patches formed by the stands of trees in the big yards, with a bull or a goat; the cemetery, where there sometimes arrives, small, compact, dark, an unnoticed third-class funeral party; windows with a girl in her nightshirt combing her hair without a care, singing; the river, with a boat that seems never to reach port; barns where a solitary musician practices his cornet, or where passionate love, full, blind, and furtive, plays its pranks. . . .

The house disappears like a cellar. How strange the everyday life below looks when seen through the glass skylight: words, sounds, the garden itself, so beautiful from that vantage point; you, Platero, drinking at the trough, without seeing me, or playing like a silly fool with a sparrow or a tortoise!

XXII: Return

Both of us, laden down, were coming from the mountains: Platero laden with marjoram, I with yellow irises.

The April evening was falling. All that had been gold crystal in the sunset was now silver crystal, a smooth, luminous allegory of crystal Madonna lilies. Afterward, the vast sky was like a transparent sapphire, converted into an emerald. I was sad as I returned. . . .

On the slope, the town church tower, crowned with refulgent tiles, was already taking on a monumental aspect, in the elevation of that pure hour. From close up it resembled a Giralda seen from a distance, and my nostalgia for cities; acute in the springtime, found a melancholy consolation in it.

Return . . . Where to? Where from? What for? . . . But the irises that came with me emitted a stronger fragrance in the warm freshness of the incipient

traba; olían con un olor más penetrante y, al mismo tiempo, más vago, que salía de la flor sin verse la flor, flor de olor sólo, que embriagaba el cuerpo y el alma desde la sombra solitaria.

—¡Alma mía, lirio en la sombra! —dije. Y pensé, de pronto, en Platero, que, aunque iba debajo de mí, se me había, como si fuera mi cuerpo, olvidado.

XXIII: La verja cerrada

Siempre que íbamos a la bodega del Diezmo, yo daba la vuelta por la pared de la calle de San Antonio y me venía a la verja cerrada que da al campo. Ponía mi cara contra los hierros y miraba a derecha e izquierda, sacando los ojos ansiosamente, cuanto mi vista podía alcanzar. De su mismo umbral gastado y perdido entre ortigas y malvas, una vereda sale y se borra, bajando, en las Angustias. Y, vallado suyo abajo, va un camino ancho y hondo por el que nunca pasé . . .

¡Qué mágico embeleso ver, tras el cuadro de hierros de la verja, el paisaje y el cielo mismos que fuera de ella se veían! Era como si una techumbre y una pared de ilusión quitaran de lo demás el espectáculo, para dejarlo solo a través de la verja cerrada . . . Y se veía la carretera, con su puente y sus álamos de humo, y el horno de ladrillos, y las lomas de Palos, y los vapores de Huelva, y, al anochecer, las luces del muelle de Riotinto, y el eucalipto grande y solo de los Arroyos sobre el morado ocaso último . . .

Los bodegueros me decían, riendo, que la verja no tenía llave . . . En mis sueños, con las equivocaciones del pensamiento sin cauce, la verja daba a los más prodigiosos jardines, a los campos más maravillosos . . . Y así como una vez intenté, fiado en mi pesadilla, bajar volando la escalera de mármol, fui, mil veces, con la mañana, a la verja, seguro de hallar tras ella lo que mi fantasía mezclaba, no sé si queriendo o sin querer, a la realidad . . .

XXIV: Don José, el cura

Ya, Platero, va ungido y hablando con miel. Pero la que, en realidad, es siempre angélica, es su burra, la señora.

Creo que lo viste un día en su huerta, calzones de marinero, sombrero ancho, tirando palabrotas y guijarros a los chiquillos que le robaban las naranjas. Mil veces has mirado, los viernes, al pobre

night; their fragrance was more penetrating and, at the same time, vaguer; it emerged from the flower though the flower couldn't be seen; it was a flower of fragrance alone, which intoxicated body and soul in the lonely darkness.

"My soul, an iris in the darkness!" I said. And I suddenly thought about Platero, whom, though he was right below me, I had forgotten, as if he were my body.

XXIII: The Locked Grille

Whenever we visited our winery called the Tithe House, I'd walk around the wall on the Calle de San Antonio and go up to the locked grille that looks out on the countryside. I'd put my face against the bars and look right and left, my eyes bulging anxiously, as far as they could reach. From its very threshold, worn and buried in nettles and mallows, a path springs which, as it descends, becomes blurred in the Angustias. And down its bank goes a wide, deep road down which I never walked. . . .

What a magical enchantment to see through the iron picture-frame of the grille the very same landscape and sky that could be seen beyond its bounds! It was as if a ceiling and wall of hope and expectancy obstructed the view from anywhere else, leaving it only by way of the locked grille. . . . And one could see the highway, with its bridge and its smoky poplars, and the brick kiln, and the low hills of Palos, and the haze over Huelva, and, at nightfall, the lights on the Ríotinto Wharf there, and the big solitary eucalyptus at Los Arroyos against the last purple of the sunset. . . .

The workers in our winery used to tell me, laughingly, that there was no key to the grille. . . . In my dreams, with the ambiguity of unchanneled thought, the grille looked out onto the most amazing gardens, the most wonderful fields. . . . And just as I once tried, confiding in my nightmare, to fly down the marble staircase, a thousand times when morning came I went up to the grille, certain that I'd find beyond it that which my imagination, whether consciously or not, combined with the real state of affairs. . . .

XXIV: Don José, the Priest

Here he comes, Platero, unctuous, honey dripping from his lips. But what is really always angelical is his she-donkey, the "lady."

I think you saw him one day in his vegetable garden, wearing sailor's trousers and a wide hat, flinging curses and pebbles at the little boys who were stealing his oranges. A thousand times, on Fridays, you've seen poor

Baltasar, su casero, arrastrando por los caminos la quebradura, que
parece el globo del circo, hasta el pueblo, para vender sus míseras es-
cobas o para rezar con los pobres por los muertos de los ricos . . .
Nunca oí hablar más mal a un hombre ni remover con sus juramen-
tos más alto el cielo. Es verdad que él sabe, sin duda, o al menos así lo
dice en su misa de las cinco, dónde y cómo está allí cada cosa . . . El
árbol, el terrón, el agua, el viento, la candela, todo esto tan gracioso, tan
blando, tan fresco, tan puro, tan vivo, parece que son para él ejemplo
de desorden, de dureza, de frialdad, de violencia, de ruina. Cada día,
las piedras todas del huerto reposan la noche en otro sitio, disparadas,
en furiosa hostilidad, contra pájaros y lavanderas, niños y flores.
    A la oración, se trueca todo. El silencio de don José se oye en el si-
lencio del campo. Se pone sotana, manteo y sombrero de teja, y casi
sin mirada, entra en el pueblo oscuro, sobre su burra lenta, como
Jesús en la muerte . . .

XXV: La primavera

¡Ay, que relumbres y olores!
¡Ay, cómo ríen los prados!
¡Ay, qué alboradas se oyen!
ROMANCE POPULAR.

En mi duermevela matinal, me malhumora una endiablada chillería
de chiquillos. Por fin, sin poder dormir más, me echo, desesperado,
de la cama. Entonces, al mirar el campo por la ventana abierta, me
doy cuenta de que los que alborotan son los pájaros.
    Salgo al huerto y canto gracias al Dios del día azul. ¡Libre concierto
de picos, fresco y sin fin! La golondrina riza, caprichosa, su gorjeo en
el pozo; silba el mirlo sobre la naranja caída; de fuego, la oropéndola
charla, de chaparro en chaparro; el chamariz ríe larga y menudamente
en la cima del eucalipto; y, en el pino grande, los gorriones discuten
desaforadamente.
    ¡Cómo está la mañana! El sol pone en la tierra su alegría de plata y
de oro; mariposas de cien colores juegan por todas partes, entre las
flores, por la casa —ya dentro, ya fuera—, en el manantial. Por do-
quiera, el campo se abre en estallidos, en crujidos, en un hervidero de
vida sana y nueva.
    Parece que estuviéramos dentro de un gran panal de luz, que fuese
el interior de una inmensa y cálida rosa encendida.

Baltasar, his groundskeeper, dragging his hernia down the road to town (it resembles the big circus balloon) to sell his wretched brooms or to pray along with the poor for the rich people's dead relatives. . . .

I've never met a man with a filthier mouth, or one who could shake up heaven more violently with his oaths. True, he no doubt knows (or, at least, so he says in his five-o'clock mass) where everything is located there, and what everything there is like. . . . The tree, the clod of earth, water, fire—all so graceful, soft, fresh, pure, alive—are apparently for him examples of disorder, hardness, coldness, violence, ruin. Every day all the stones in his garden are resting in a different place by nighttime: they've been hurled in furious hostility at birds and washerwomen, children and flowers.

At church services all this changes. Don José's silence is heard in the silence of the fields. He puts on a cassock, a cloak, and an ecclesiastical·shovel hat, and almost sightlessly enters the dark town on his slow she-donkey, like Jesus entering his death. . . .

XXV: Springtime

> Ah, what flashing and fragrance!
> Ah, how the meadows laugh!
> Ah, what aubades are heard!
>   FOLK BALLAD.

In my morning half-sleep, I am put out of sorts by a devilish squalling of little children. Finally, unable to sleep any more, I jump out of bed in despair. Then, when I gaze at the countryside from my open window, I realize that the noisemakers were the birds.

I go out to the vegetable garden and I sing my thanks to the God of the blue day. A free concert of beaks, fresh and endless! Capriciously the swallow utters her ripply twittering in the well; the black bird whistles on the fallen orange; the fiery oriole chatters from one ilex to another; the greenfinch gives its long, frequent laughs at the top of the eucalyptus; and on the big pine the sparrows argue furiously.

What a morning! The sun poses its silver-and-gold cheerfulness on the earth; butterflies of a hundred colors play everywhere, among the flowers, through the house (now inside, now out), on the fountain. All over, the countryside opens up into crackings and creakings, into a boiling of healthy new life.

It's as if we were inside a huge honeycomb of light which was also the interior of an immense, flaming-hot rose.

XXVI: El aljibe

Míralo; está lleno de las ultimas lluvias, Platero. No tiene eco, ni se ve, allá en su fondo, como cuando está bajo, el mirador con sol, joya policroma tras los cristales amarillos y azules de la montera.

Tú no has bajado nunca al aljibe, Platero. Yo sí; bajé cuando lo vaciaron, hace años. Mira; tiene una galería larga, y luego un cuarto pequeñito. Cuando entré en él, la vela que llevaba se me apagó y una salamandra se me puso en la mano. Dos fríos terribles se cruzaron en mi pecho cual dos espadas que se cruzaran como dos fémures bajo una calavera . . . Todo el pueblo está socavado de aljibes y galerías, Platero. El aljibe más grande es el del patio del Salto del Lobo, plaza de la ciudadela antigua del Castillo. El mejor es éste de mi casa que, como ves, tiene el brocal esculpido en una pieza sola de mármol alabastrino. La galería de la Iglesia va hasta la viña de los Puntales y allí se abre al campo, junto al rio. La que sale del Hospital nadie se ha atrevido a seguirla del todo, porque no acaba nunca . . .

Recuerdo, cuando era niño, las noches largas de lluvia, en que me desvelaba el rumor sollozante del agua redonda que caía, de la azotea, en el aljibe. Luego, a la mañana, íbamos, locos, a ver hasta dónde había llegado el agua. Cuando estaba hasta la boca, como está hoy, ¡qué asombro, qué gritos, qué admiración!

. . . Bueno, Platero. Y ahora voy a darte un cubo de esta agua pura y fresquita, el mismo cubo que se bebía de una vez Villegas, el pobre Villegas, que tenía el cuerpo achicharrado ya del coñac y del aguardiente . . .

XXVII: El perro sarnoso

Venía, a veces, flaco y anhelante, a la casa del huerto. El pobre andaba siempre huido, acostumbrado a los gritos y a las pedreas. Los mismos perros le enseñaban los colmillos. Y se iba otra vez, en el sol del mediodía, lento y triste, monte abajo.

Aquella tarde, llegó detrás de Diana. Cuando yo salía, el guarda, que en un arranque de mal corazón había sacado la escopeta, disparó contra él. No tuve tiempo de evitarlo. El mísero, con el tiro en las entrañas, giró vertiginosamente un momento, en un redondo aullido agudo, y cayó muerto bajo una acacia.

Platero miraba al perro fijamente, erguida la cabeza. Diana, temerosa, andaba escondiéndose de uno en otro. El guarda, arrepen-

XXVI: The Cistern

Look at it; it's full from the recent rains, Platero. It doesn't echo; nor can you see at its bottom (as you can when it's low) the sunlit bay window, a multicolored jewel beneath the yellow and blue panes of the skylight.

You've never gone down into the cistern, Platero. I have; I went down when it was emptied, years ago. Look; it has a long passageway, and then a tiny room. When I entered it, the candle I was carrying went out and a salamander crawled onto my hand. Two terrible chills crisscrossed in my bosom, as if they were two swords crossing like two thighbones under a skull. . . . The whole town is undermined with cisterns and passages, Platero. The biggest cistern is the one in the patio of the Wolf's Leap, on the square of the former Castle citadel. The best one is this one in my house, which, as you can see, has a curb carved out of a single block of alabastrine marble. The church passage goes all the way to the vineyard of Los Puntales, where it opens into the countryside next to the river. The one that exits from the hospital, no one has ever dared to follow for its full length, because it never ends. . . .

I remember, when I was a boy, the long rainy nights when I was kept awake by the sobbing noise of the water falling heavily from the roof terrace into the cistern. Then, in the morning, we'd go like lunatics to see how high the water had risen. When it was up to the brim, as it is today, what awe, what shouting, what amazement!

. . . All right, Platero. And now I'm going to give you a pailful of this pure, fresh water, from the same pail that Villegas drained at one draft, poor Villegas whose body was already burnt to a frazzle by cognac and brandy. . . .

XXVII: The Mangy Dog

He'd come sometimes, skinny and out of breath, to the house in the vegetable garden. The poor thing was always shy, accustomed to shouts and stonings. Even the other dogs bared their fangs at him. And once again he was walking in the noonday sun, slowly and sadly, down from the mountain.

That afternoon he arrived behind Diana. When I went out, the caretaker, who in a fit of ill will had taken along his gun, fired at him. I didn't have time to stop him. The wretched animal, with the slug in his innards, spun around dizzily for a moment, with a loud, high-pitched howl, then fell dead under an acacia.

Platero stared at the dog, his head raised. Diana, frightened, hid herself in one place and another. The caretaker, perhaps in regret, was giving long

tido quizás, daba largas razones no sabía a quién, indignándose sin poder, queriendo acallar su remordimiento. Un velo parecía enlutecer el sol; un velo grande, como el velo pequeñito que nubló el ojo sano del perro asesinado.

Abatidos por el viento del mar, los eucaliptos lloraban, más reciamente cada vez hacia la tormenta, en el hondo silencio aplastante que la siesta tendía por el campo aún de oro, sobre el perro muerto.

XXVIII: Remanso

Espérate, Platero . . . O pace un rato en ese prado tierno, si lo prefieres. Pero déjame ver a mí este remanso bello, que no veo hace tantos años . . .

Mira cómo el sol, pasando su agua espesa, le alumbra la honda belleza verdeoro, que los lirios de celeste frescura de la orilla contemplan extasiados . . . Son escaleras de terciopelo, bajando en repetido laberinto; grutas mágicas con todos los aspectos ideales que una mitología de ensueño trajese a la desbordada imaginación de un pintor interno; jardines venustianos que hubiera creado la melancolía permanente de una reina loca de grandes ojos verdes; palacios en ruinas, como aquel que vi en aquel mar de la tarde, cuando el sol poniente hería, oblicuo, el agua baja . . . Y más, y más, y más; cuanto el sueño más difícil pudiera robar, tirando a la belleza fugitiva de su túnica infinita, al cuadro recordado de una hora de primavera con dolor, en un jardín de olvido que no existiera del todo . . . Todo pequeñito, pero inmenso, porque parece distante; clave de sensaciones innumerables, tesoro del mago más viejo de la fiebre . . .

Este remanso, Platero, era mi corazón antes. Así me lo sentía, bellamente envenenado, en su soledad, de prodigiosas exuberancias detenidas . . . Cuando el amor humano lo hirió, abriéndole su dique, corrió la sangre corrompida, hasta dejarlo puro, limpio y fácil, como el arroyo de los Llanos, Platero, en la más abierta dorada y caliente hora de abril.

A veces, sin embargo, una pálida mano antigua me lo trae a su remanso de antes, verde y solitario, y allí lo deja encantado, fuera de él, respondiendo a las llamadas claras, «por endulzar su pena», como Hylas a Alcides en el idilio de Chénier, que ya te he leído, con una voz «desentendida y vana» . . .

explanations to nobody in particular, getting feebly indignant, in an attempt to stifle his remorse. A veil seemed to dress the sun in mourning; a large veil, just as a tiny veil clouded the good eye of the murdered dog.

Bent double by the wind from the sea, the eucalyptuses were weeping, more and more violently, in the approach of the storm, in the deep, crushing silence that the afternoon heat spread across the still-golden countryside, and over the dead dog.

XXVIII: A Pool

Wait, Platero. . . . Or graze a while in this tender meadow, if you prefer. But let me look at this lovely pool that I haven't seen for so many years. . . .

See how the sun, penetrating its dense water, illuminates its deep green-and-gold beauty, which the sky-blue, fresh irises on its banks contemplate in ecstasy. . . . There are velvet stairways descending in a repeated labyrinth; magical grottoes with all the fanciful aspects that a dream mythology might inspire in the unbridled imagination of a decorative painter; gardens from the planet Venus that could have been created by the permanent melancholy of a mad queen with large green eyes; ruined palaces like the one I saw in that afternoon sea when the setting sun struck the low water at an angle. . . . And more, and more, and more; all that the most difficult dream, tugging fleeting beauty by its infinite tunic, could steal from the recollected picture of a sorrowful springtime hour, in a garden of oblivion that didn't completely exist. . . . Everything tiny, but immense, because it seems distant; a key to numberless emotions, the hoard of the most ancient wizard of fever. . . .

This pool, Platero, was my heart formerly. That's how I felt it, beautifully poisoned, in its solitude, by prodigious, detailed exuberance. . . . When human love wounded it, opening its dike, the infected blood flowed out until it was left pure, clean, and accessible, like the stream at Los Llanos, Platero, in the most open gilded, hot hour of April.

Nevertheless, at times a pallid ancient hand brings it back to its former pool, green and solitary, and leaves it there under a spell, beside itself, responding to the clear calls, "in order to relieve its pain," as Hylas responds to Alcides in Chénier's idyll, which I've already read to you, in a voice "unheard and futile."[7]

---

7. During the journey of the Argonauts, the beautiful boy Hylas, loved by Alcides (Herakles; Hercules) was seduced by water nymphs when he went ashore, and never turned up again. The original French wording adapted by Jiménez from the poem by André Chénier (1762–1794) is: *pour le tirer de peine* and *non entendue et vaine.*

XXIX: Idilio de abril

Los niños han ido con Platero al arroyo de los chopos, y ahora lo traen trotando, entre juegos sin razón y risas desproporcionadas, todo cargado de flores amarillas. Allá abajo les ha llovido —aquella nube fugaz que veló el prado verde con sus hilos de oro y plata, en los que tembló, como en una lira de llanto, el arco iris—. Y sobre la empapada lana del asnucho, las campanillas mojadas gotean todavía.

¡Idilio fresco, alegre, sentimental! ¡Hasta el rebuzno de Platero se hace tierno bajo la dulce carga llovida! De cuando en cuando, vuelve la cabeza y arranca las flores a que su bocota alcanza. Las campanillas, níveas y gualdas, le cuelgan, un momento, entre el blanco babear verdoso y luego se le van a la barrigota cinchada. ¡Quién, como tú, Platero, pudiera comer flores . . . , y que no le hicieran daño!

¡Tarde equívoca de abril! . . . Los ojos brillantes y vivos de Platero copian toda la hora de sol y lluvia, en cuyo ocaso, sobre el campo de San Juan, se ve llover, deshilachada, otra nube rosa.

XXX: El canario vuela

Un día, el canario verde, no sé cómo ni por qué, voló de su jaula. Era un canario viejo, recuerdo triste de una muerta, al que yo no había dado libertad por miedo de que se muriera de hambre o de frío, o de que se lo comieran los gatos.

Anduvo toda la mañana entre los granados del huerto, en el pino de la puerta, por las lilas. Los niños estuvieron, toda la mañana también, sentados en la galería, absortos en los breves vuelos del pajarillo amarillento. Libre, Platero, holgaba junto a los rosales, jugando con una mariposa.

A la tarde, el canario se vino al tejado de la casa grande, y allí se quedó largo tiempo, latiendo en el tibio sol que declinaba. De pronto, y sin saber nadie cómo ni por qué, apareció en la jaula, otra vez alegre.

¡Qué alborozo en el jardín! Los niños saltaban, tocando las palmas, arrebolados y rientes como auroras; Diana, loca, los seguía, ladrándole a su propia y riente campanilla; Platero, contagiado, en un oleaje de carnes de plata, igual que un chivillo, hacía corvetas, giraba sobre sus patas, en un vals tosco, y poniéndose en las manos, daba coces al aire claro y suave . . .

XXIX: April Idyll

The children went with Platero to the stream among the poplars, and now they're bringing him back at a trot, with mindless games and unreasonable laughter, laden down with yellow flowers. Down there they were rained on— that fleeting cloud which veiled the green meadow with its streaks of gold and silver in which, as on a lamenting lyre, the rainbow trembled. And on the little donkey's soaked coat the wet bellflowers are still dripping.

A fresh, cheerful, sentimental idyll! Even Platero's bray becomes tender beneath that sweet, rain-wet load! From time to time he turns his head and plucks at the flowers his big mouth can reach. For a moment the bellflowers, snowy and yellow, hang in his greenish white drool, and then proceed into his big girthed belly. Platero, if I could only eat flowers, like you, . . . and suffer no harm!

Ambiguous April afternoon! . . . Platero's shining, lively eyes imitate this whole hour of sun and rain, at whose sunset, over the San Juan field, one can see another pink cloud, frayed, raining.

XXX: The Canary Flies

One day the green canary, I don't know how or why, flew out of its cage. It was an old canary, a sad souvenir of a dead woman, which I hadn't freed because I was afraid that it would die of hunger or cold, or that the cats would eat it.

All morning it flew among the pomegranate trees in the garden, onto the pine tree at the gate, amid the lilacs. The children remained all morning, too, seated on the veranda, absorbed by the brief flights of the little yellowish bird. In its freedom, Platero, it idled next to the rosebushes, playing with a butterfly.

In the afternoon the canary alighted on the roof of the big house, where it remained for some time, throbbing in the warmth of the declining sun. Suddenly, no one knew how or why, it showed up in its cage, cheerful once more.

What rejoicing in the garden! The children jumped and clapped their hands, flushed in the face and laughing like dawns. Diana followed them madly, barking at her own laughing little collar bell; Platero, catching the mood, in a surge of silvery flesh, like a young goat, curveted, spun on his hind legs, performing a crude waltz, and, standing on his forelegs, kicked the clear, soft air. . . .

XXXI: El demonio

De pronto, con un duro y solitario trote, doblemente sucio en una alta nube de polvo, aparece, por la esquina del Trasmuro, el burro. Un momento después, jadeantes, subiéndose los caídos pantalones de andrajos, que les dejan fuera las oscuras barrigas, los chiquillos, tirándole rodrigones y piedras . . .

Es negro, grande, viejo, huesudo —otro arcipreste—, tanto, que parece que se le va a agujerear la piel sin pelo por doquiera. Se para y, mostrando unos dientes amarillos, como habones, rebuzna a lo alto ferozmente, con una energía que no cuadra a su desgarbada vejez . . . ¿Es un burro perdido? ¿No lo conoces, Platero? ¿Qué querrá? ¿De quién vendrá huyendo, con ese trote desigual y violento?

Al verlo, Platero hace cuerno, primero, ambas orejas con una sola punta, se las deja luego una en pie y otra descolgada, y se viene a mí, y quiere esconderse en la cuneta, y huir, todo a un tiempo. El burro negro pasa a su lado, le da un rozón, le tira la albarda, lo huele, rebuzna contra el muro del convento y se va trotando, Trasmuro abajo . . .

. . . Es, en el calor, un momento extraño de escalofrío —¿mío, de Platero?— en el que las cosas parecen trastornadas, como si la sombra baja de un paño negro ante el sol ocultase, de pronto, la soledad deslumbradora del recodo del callejón, en donde el aire, súbitamente quieto, asfixia . . . Poco a poco, lo lejano nos vuelve a lo real. Se oye, arriba, el vocerío mudable de la plaza del Pescado, donde los vendedores que acaban de llegar de la Ribera exaltan sus asedías, sus salmonetes, sus brecas, sus mojarras, sus bocas; la campana de vuelta, que pregona el sermón de mañana; el pito del amolador . . .

Platero tiembla aún, de vez en cuando, mirándome, acoquinado, en la quietud muda en que nos hemos quedado los dos, sin saber por qué . . .

—Platero; yo creo que ese burro no es un burro . . .

Y Platero, mudo, tiembla de nuevo todo él de un solo temblor, blandamente ruidoso, y mira, huido, hacia la gavia, hosca y bajamente . . .

XXXII: Libertad

Llamó mi atención, perdida por las flores de la vereda, un pajarillo lleno de luz, que, sobre el húmedo prado verde, abría sin cesar su preso vuelo policromo. Nos acercamos despacio, yo delante, Platero detrás. Había por allí un bebedero umbrío, y unos muchachos traidores le tenían puesta una red a los pájaros. El triste reclamillo se

XXXI: The Demon

Suddenly, at a hard, lonely trot, doubly dirty in a high cloud of dust, around the Trasmuro corner, the donkey appears. A moment later, panting, pulling up their slipping ragged trousers which expose their swarthy bellies, the little boys, throwing plant props and stones at him. . . .

He's black, big, old, bony—another Archpriest—so much so that his hairless hide is going to be perforated all over. He stops and, displaying yellow teeth like big beans, he brays loudly and fiercely, with an energy that doesn't match his ungainly old age. . . . Is he a lost donkey? Don't you know him, Platero? What does he want? Whom is he running away from at that uneven, violent trot?

Seeing him, Platero first pricks up both ears with their tips joined, then lets one stand while the other droops, and comes over to me, and tries to hide in the curb gutter and to run away, all at the same time. The black donkey comes up beside him, brushes against him, tugs at his saddle, sniffs him, brays at the convent wall, and trots away down Trasmuro. . . .

. . . Amid the heat there's a strange moment of chill (mine? Platero's?), during which everything seems totally changed, as if the low shadow of a black cloth in front of the sun suddenly hid the dazzling solitude of the bend in the lane, where the air, calm all at once, becomes stifling. . . . Little by little, distance restores us to reality. We can hear up there the changeable shouting in the fish market, where the vendors who have just arrived from the coast are praising their plaice, red mullet, bleak, sargo, and crustaceans; the pealing bell advertising tomorrow's sermon; the knife grinder's whistle. . . .

Platero is still trembling every so often, looking at me, intimidated, in the mute calm we both have remained in, without knowing why. . . .

"Platero, I think that donkey isn't a donkey." . . .

And Platero, silent, trembles again all over with a single tremor, softly noisy, and shyly looks in the direction of the moat, gloomily and dejectedly.

XXXII: Freedom

My attention, which the flowers on the path had caused to stray, was attracted by a light-filled little bird which, on the moist green meadow, was ceaselessly spreading its multicolored imprisoned wings. We approached slowly, I in front, Platero behind. There was a shady drinking trough there, and some treacherous boys had spread a net to catch birds. The sad little

levantaba hasta su pena, llamando, sin querer, a sus hermanos del cielo.

La mañana era clara, pura, traspasada de azul. Caía del pinar vecino un leve concierto de trinos exaltados, que venía y se alejaba, sin irse, en el manso y áureo viento marero que ondulaba las copas. ¡Pobre concierto inocente, tan cerca del mal corazón!

Monté en Platero, y, obligándolo con las piernas, subimos, en un agudo trote, al pinar. En llegando bajo la sombría cúpula frondosa, batí palmas, canté, grité. Platero, contagiado, rebuznaba una vez y otra, rudamente. Y los ecos respondían, hondos y sonoros, como en el fondo de un gran pozo. Los pájaros se fueron a otro pinar, cantando.

Platero, entre las lejanas maldiciones de los chiquillos violentos, rozaba su cabezota peluda contra mi corazón, dándome las gracias hasta lastimarme el pecho.

XXXIII: Los Húngaros

Míralos, Platero, tirados en todo su largor, cómo tienden los perros cansados el mismo rabo, en el sol de la acera.

La muchacha, estatua de fango, derramada su abundante desnudez de cobre entre el desorden de sus andrajos de lanas granas y verdes, arranca la hierbaza seca a que sus manos, negras como el fondo de un puchero, alcanzan. La chiquilla, pelos toda, pinta en la pared, con cisco, alegorías obscenas. El chiquillo se orina en su barriga como una fuente en su taza, llorando por gusto. El hombre y el mono se rascan, aquél la greña, murmurando, y éste las costillas, como si tocase una guitarra.

De vez en cuando, el hombre se incorpora, se levanta luego, se va al centro de la calle y golpea con indolente fuerza el pandero, mirando a un balcón. La muchacha, pateada por el chiquillo, canta, mientras jura desgarradamente, una desentonada monotonía. Y el mono, cuya cadena pesa más que él, fuera de punto, sin razón, da una vuelta de campana y luego se pone a buscar entre los chinos de la cuneta uno más blando.

Las tres . . . El coche de la estación se va, calle Nueva arriba. El sol, solo.

—Ahí tienes, Platero, el ideal de familia de Amaro . . . Un hombre como un roble, que se rasca; una mujer, como una parra, que se echa; dos chiquillos, ella y él, para seguir la raza, y un mono, pequeño y débil como el mundo, que les da de comer a todos, cogiéndose las pulgas . . .

decoy was rising to his pain, involuntarily summoning his brethren of the sky.

The morning was clear, pure, transfixed with azure. From the nearby pinewood there fell a light concert of excited warbling which came and grew distant, without departing altogether, in the gentle, golden sea breeze that shook the treetops. Poor innocent concert, so close to evil hearts!

I mounted Platero and urged him onward with my legs, and at a sharp trot we ascended to the pinewood. When we arrived below the shady leafy cupola, I clapped my hands, sang, and shouted. Platero, catching the mood, brayed roughly a couple of times. And the deep, resonant echoes replied, as if from the depths of a large well. The birds flew away to another pinewood, singing.

Platero, amid the distant curses of the violent little boys, was brushing his big shaggy head against my heart, thanking me until he hurt my chest.

XXXIII: The Wandering Foreign Gypsies

Look at them, Platero, stretched out at full length on the sunny sidewalk, just as tired dogs stretch out their tails.

The young woman, a mud statue, her plentiful coppery nudity poured into the disorder of her scarlet and green wool rags, is plucking the dry weeds which her hands, black as the bottom of a kettle, can reach. The little girl, all hair, is drawing filthy pictures on the wall with charcoal. The little boy is urinating onto his own belly like a fountain into its basin, weeping with pleasure. The man and the monkey are scratching themselves: the former, his mop of hair, grumbling; the latter, his ribs, as if playing a guitar.

Every so often the man sits up, then stands up, goes to the middle of the street and thumps his tambourine with indolent force, looking at a balcony. The girl, kicked by the little boy, while swearing wildly, is singing in a tuneless monotone. And the monkey, whose chain weighs more than he does, inopportunely and for no reason turns a somersault and then starts to seek amid the stones in the gutter for one softer than the rest.

Three o'clock. . . . The coach to the station departs up Calle Nueva. Only sunshine.

"There, Platero, you have Amaro's ideal family. . . . A man solid as an oak, scratching; a woman like a grapevine, stretched out; two little ones, a boy and a girl, to propagate the lineage, and a monkey, small and weak as anything, which supports them all, catching fleas." . . .

XXXIV: La novia

El claro viento del mar sube por la cuesta roja, llega al prado del cabezo, ríe entre las tiernas florecillas blancas; después, se enreda por los pinetes sin limpiar y mece, hinchándolas como velas sutiles, las encendidas telarañas celestes, rosas, de oro . . . Toda la tarde es ya viento marino. Y el sol y el viento ¡dan un blando bienestar al corazón!

Platero me lleva, contento, ágil, dispuesto. Se dijera que no le peso. Subimos, como si fuésemos cuesta abajo, a la colina. A lo lejos, una cinta de mar, brillante, incolora, vibra, entre los últimos pinos, en un aspecto de paisaje isleño. En los prados verdes, allá abajo, saltan los asnos trabados, de mata en mata.

Un estremecimiento sensual vaga por las cañadas. De pronto, Platero yergue las orejas, dilata las levantadas narices, replegándolas hasta los ojos y dejando ver las grandes habichuelas de sus dientes amarillos. Está respirando largamente, de los cuatro vientos, no sé qué honda esencia que debe transirle el corazón. Sí. Ahí tiene ya, en otra colina, fina y gris sobre el cielo azul, a la amada. Y dobles rebuznos, sonoros y largos, desbaratan con su trompetería la hora luminosa y caen luego en gemelas cataratas.

He tenido que contrariar los instintos amables de mi pobre Platero. La bella novia del campo lo ve pasar, triste como él, con sus ojazos de azabache cargados de estampas . . . ¡Inútil pregón misterioso, que ruedas brutalmente, como un instinto hecho carne libre, por las margaritas!

Y Platero trota indócil, intentando a cada instante volverse, con un reproche en su refrenado trotecillo menudo:

—Parece mentira, parece mentira, parece mentira . . .

XXXV: La sanguijuela

Espera. ¿Qué es eso, Platero? ¿Qué tienes?

Platero está echando sangre por la boca. Tose y va despacio, más cada vez. Comprendo todo en un momento. Al pasar esta mañana por la fuente de Pinete, Platero estuvo bebiendo en ella. Y, aunque siempre bebe en lo más claro y con los dientes cerrados, sin duda una sanguijuela se le ha agarrado a la lengua o al cielo de la boca . . .

—Espera, hombre. Enseña . . .

Le pido ayuda a Raposo, el aperador, que baja por allí del Almendral, y entre los dos intentamos abrirle a Platero la boca. Pero la tiene como trabada con hormigón romano. Comprendo con pena que

XXXIV: The Sweetheart

The clear sea breeze climbs the red slope, reaches the meadow at the summit, laughs among the tender white flowers, then becomes entangled in the uncleared pine scrub and, puffing them out like thin sails, rocks the blazing sky-blue, pink, and gold cobwebs. . . . By now the whole afternoon is sea breeze. And the sun and breeze make the heart feel soft and comfortable!

Contented, agile, eager, Platero carries me. You'd think I exerted no weight. We climb the slope as if we were going downhill. In the distance, a ribbon of sea, shining, colorless, vibrates between the outlying pines, giving the impression of an island landscape. In the green meadows way down there the hobbled donkeys hope from one bush to another.

A sensual excitement drifts through the ravines. Suddenly Platero pricks up his ears and dilates his lifted nostrils, bending them back to his eyes and exposing his big, beanlike yellow teeth. He is inhaling deeply from every direction some profound aroma that must be piercing his heart. Yes. There, on another hill, delicate and gray against the blue sky, is his beloved. And double brays, resonant and long, put the luminous hour to flight with their trumpeting, and then die away in twin cataracts.

I was forced to thwart my poor Platero's loving instincts. His beautiful country sweetheart watches him go by, as sad as he, her large jet eyes filled with images. . . . A futile, mysterious summons that rolls brutally through the daisies, like an instinct turned into raw flesh!

And Platero trots unwillingly, constantly trying to turn back, with a reproach in his repressed little quick trot:

"I can't believe it, I can't believe it, I can't believe it.". . .

XXXV: The Leech

"Wait! What's that, Platero? What's the matter?"

Platero is bleeding from the mouth. He coughs and walks slowly, more so all the time. I understand everything in a flash. When we passed the Pinete spring this morning, Platero drank from it. And, even though he always drinks from the clearest part, and with clenched teeth, no doubt a leech attached itself to his tongue or the roof of his mouth. . . .

"Wait, fellow. Show me.". . .

I ask Raposo, the field foreman, for help as he comes down that way from the Almendral, and between the two of us we try to open Platero's mouth. But he keeps it shut as if fastened with Roman concrete. I realize to my

el pobre Platero es menos inteligente de lo que yo me figuro . . .
Raposo coge un rodrigón gordo, lo parte en cuatro y procura atravesarle un pedazo a Platero entre las quijadas . . . No es fácil la empresa.
Platero alza la cabeza al cenit levantándose sobre las patas, huye, se revuelve . . . Por fin, en un momento sorprendido, el palo entra de lado
en la boca de Platero. Raposo se sube en el burro y con las dos manos
tira hacia atrás de los salientes del palo para que Platero no lo suelte.

Sí, allá adentro tiene, llena y negra, la sanguijuela. Con dos
sarmientos hechos tijera se la arranco . . . Parece un costalillo de almagra o un pellejillo de vino tinto; y, contra el sol, es como el moco de
un pavo irritado por un paño rojo. Para que no saque sangre a ningún
burro más, la corto sobre el arroyo, que en un momento tiñe de la sangre de Platero la espumela de un breve torbellino . . .

XXXVI: Las tres viejas

Súbete aquí en el vallado, Platero. Anda, vamos a dejar que pasen esas
pobres viejas . . .

Deben venir de la playa o de los montes. Mira. Una es ciega y las
otras dos la traen por los brazos. Vendrán a ver a don Luis, el médico,
o al hospital . . . Mira qué despacito andan, qué cuido, qué mesura
ponen las dos que ven en su acción. Parece que las tres temen a la
misma muerte. ¿Ves cómo adelantan las manos cual para detener el
aire mismo, apartando peligros imaginarios, con mimo absurdo, hasta
las más leves ramitas en flor, Platero?

Que te caes, hombre . . . Oye qué lamentables palabras van diciendo. Son gitanas. Mira sus trajes pintorescos, de lunares y volantes.
¿Ves? Van a cuerpo, no caída, a pesar de la edad, su esbeltez.
Renegridas, sudorosas, sucias, perdidas en el polvo con sol del
mediodía, aún una flaca hermosura recia las acompaña, como un recuerdo seco y duro . . .

Míralas a las tres, Platero. ¡Con qué confianza llevan la vejez a la
vida, penetradas por la primavera esta que hace florecer de amarillo
el cardo en la vibrante dulzura de su hervoroso sol!

XXXVII: La carretilla

En el arroyo grande, que la lluvia había dilatado hasta la viña, nos encontramos, atascada, una vieja carretilla, perdida toda bajo su carga de

sorrow that poor Platero is less intelligent than I imagine. . . . Raposo picks up a thick stake, breaks it in four, and tries to thrust one piece between Platero's jaws. . . . It's no easy undertaking. Platero lifts his head to the zenith, rearing up on his hind legs; he runs away, he turns in circles. . . . Finally, taken off guard one moment, Platero lets the stick enter his mouth sideways. Raposo mounts the donkey and with both hands pulls back on the protruding ends of the stick so that Platero can't let it drop.

Yes, in there, he has a bloated black leech. I pull it out with scissors made out of two vine shoots. . . . It resembles a little sack of red ocher, or a small skin filled with red wine; and, seen against the sun, it's like the wattle of a turkey angered by a red rag. So that it won't ever draw blood from any donkey again, I cut it in two over the stream, which in a moment dyes with Platero's blood the light foam of a small eddy. . . .

XXXVI: The Three Old Women

Climb this bank here, Platero. Come on, we're going to let these poor old ladies pass by. . . .

They must be coming from the beach or the mountains. Look. One is blind and the other two lead her by the arms. They're probably on the way to see Don Luis, the doctor, or to the hospital. . . . See how slowly they walk, what care and prudence the two sighted ones put into their actions. All three seem to fear the same death. Do you see how they hold out their hands as if to detain the very air, shoving aside imaginary dangers, with absurd affectation, even the lightest flowering twigs, Platero?

You're falling, fellow. . . . Listen to the mournful words they're speaking. They're Gypsies. Look at their picturesque clothes, with polka dots and flounces. See? They wear no jacket or shawl, and in spite of their age, their slender figures aren't decayed. Blackened, sweaty, dirty, buried in the sunny dust of noonday, a weak crude beauty still accompanies them, like a hard, dry memory. . . .

Look at the three of them, Platero. With what self-confidence they offer their age to life, imbued with this springtime which makes the thistle put forth yellow blossoms in the vibrant sweetness of its boiling sunshine!

XXXVII: The Little Cart

In the big stream, which the rain had widened until it reached the vineyard, we came across a little old cart that had gotten bogged down; it was entirely

hierba y de naranjas. Una niña, rota y sucia, lloraba sobre una rueda, queriendo ayudar con el empuje de su pechillo en flor al borricuelo, más pequeño ¡ay! y más flaco que Platero. Y el borriquillo se despechaba contra el viento, intentando, inútilmente, arrancar del fango la carreta, al grito sollozante de la chiquilla. Era vano su esfuerzo, como el de los niños valientes, como el vuelo de esas brisas cansadas del verano que se caen, en un desmayo, entre las flores.

Acaricié a Platero y, como pude, lo enganché a la carretilla, delante del borrico miserable. Le obligué, entonces, con un cariñoso imperio, y Platero, de un tirón, sacó carretilla y rucio del atolladero, y les subió la cuesta.

¡Qué sonreír el de la chiquilla! Fue como si el sol de la tarde, que se quebraba, al ponerse entre las nubes de agua, en amarillos cristales, le encendiese una aurora tras sus tiznadas lagrimas.

Con su llorosa alegría, me ofreció dos escogidas naranjas, finas, pesadas, redondas. Las tomé, agradecido, y le di una al borriquillo débil, como dulce consuelo; otra a Platero, como premio áureo.

XXXVIII: El pan

Te he dicho, Platero, que el alma de Moguer es el vino, ¿verdad? No; el alma de Moguer es el pan. Moguer es igual que un pan de trigo, blanco por dentro, como el migajón, y dorado en torno —¡oh sol moreno!— como la blanda corteza.

A mediodía, cuando el sol quema más, el pueblo entero empieza a humear y a oler a pino y a pan calentito. A todo el pueblo se le abre la boca. Es como una gran boca que come un gran pan. El pan se entra en todo: en el aceite, en el gazpacho, en el queso y la uva, para dar sabor a beso, en el vino, en el caldo, en el jamón, en él mismo, pan con pan. También solo, como la esperanza, o con una ilusión . . .

Los panaderos llegan trotando en sus caballos, se paran en cada puerta entornada, tocan las palmas y gritan: «¡El panaderooo!» . . . Se oye el duro ruido tierno de los cuarterones que, al caer en los canastos que brazos desnudos levantan, chocan con los bollos, de las hogazas con las roscas . . .

Y los niños pobres llaman, al punto, a las campanillas de las cancelas o a los picaportes de los portones, y lloran largamente hacia adentro: ¡Un poquiiito de paaan! . . .

buried under its load of grass and oranges. A little girl, ragged and dirty, was weeping over one wheel, shoving with her little blossoming bosom in an attempt to aid the little donkey, which was smaller and weaker than Platero, alas! And the little donkey was in despair, in the face of the wind, trying in vain to extricate the cart from the mud, while the girl yelled and sobbed. His effort was fruitless, like that of courageous children, like the flight of those weary summer breezes which swoon away amid the flowers.

I patted Platero and, to the best of my ability, I hitched him to the little cart, in front of the wretched donkey. Then I urged him forward with an affectionate command, and with one tug Platero drew both cart and donkey out of the mire and pulled them up the hill.

How the little girl smiled! It was as if the evening sun, which, while setting amid rainclouds, was breaking into yellow crystals, had ignited a dawn behind her sooty tears.

In her tearful glee she offered me two select oranges, delicate, heavy, round. I took them gratefully and gave one to the feeble little donkey, as a sweet consolation, and the other to Platero, as a golden reward.

XXXVIII: Bread

I've told you, Platero, haven't I, that the soul of Moguer is wine. Wrong; the soul of Moguer is bread. Moguer is like a wheaten loaf, white inside, like the crumb, and golden all around—oh, the swarthy sun!—like the soft crust.

At noon, when the sun burns more hotly, the whole town begins to give off smoke and to smell of pine and nice hot bread. The whole town's mouth opens. It's like a large mouth eating a large loaf. Bread enters into everything: into the olive oil, into the gazpacho, into the cheese and the grapes, adding the savor of kisses, into the wine, into the broth, into the ham, into itself, bread-and-bread. Also alone, like hope, or together with an illusion. . . .

The bakers' men come trotting by on their horses, stop at every half-open door, clap their hands, and yell: "The baker!" The tender hard sound of the quarter-pound loaves is heard as they drop into the baskets held out by bare arms and collide with the buns, while the large loaves bump against the rolls. . . .

And the children of the poor immediately ring the bells in the iron gates, or sound the knockers on the outside doors, yelling inside with their long weeping call: "A little bread!". . .

XXXIX: Aglae

¡Qué reguapo estás hoy, Platero! Ven aquí . . . ¡Buen jaleo te ha dado esta mañana la Macaria! Todo lo que es blanco y todo lo que es negro en ti luce y resalta como el día y como la noche después de la lluvia. ¡Qué guapo estás, Platero!

Platero, avergonzado un poco de verse así, viene a mí, lento, mojado aún de su baño, tan limpio que parece una muchacha desnuda. La cara se le ha aclarado, igual que un alba, y en ella sus ojos grandes destellan vivos, como si la más joven de las Gracias les hubiera prestado ardor y brillantez.

Se lo digo, y en un súbito entusiasmo fraternal, le cojo la cabeza, se la revuelvo en cariñoso apretón, le hago cosquillas . . . Él, bajos los ojos, se defiende blandamente con las orejas, sin irse, o se liberta, en breve correr, para pararse de nuevo en seco, como un perrillo juguetón.

—¡Qué guapo estás, hombre! —le repito.

Y Platero, lo mismo que un niño pobre que estrenara un traje, corre tímido, hablándome, mirándome en su huida con el regocijo de las orejas, y se queda, haciendo que come unas campanillas coloradas, en la puerta de la cuadra.

Aglae, la donadora de bondad y de hermosura, apoyada en el peral que ostenta triple copa de hojas, de peras y de gorriones, mira la escena sonriendo, casi invisible en la trasparencia del sol matinal.

XL: El pino de la Corona

Donde quiera que paro, Platero, me parece que paro bajo el pino de la Corona. A donde quiera que llego —ciudad, amor, gloria— me parece que llego a su plenitud verde y derramada bajo el gran cielo azul de nubes blancas. Él es faro rotundo y claro en los mares difíciles de mi sueño, como lo es de los marineros de Moguer en las tormentas de la barra; segura cima de mis días difíciles, en lo alto de su cuesta roja y agria, que toman los mendigos, camino de Sanlúcar.

¡Qué fuerte me siento siempre que reposo bajo su recuerdo! Es lo único que no ha dejado, al crecer yo, de ser grande, lo único que ha sido mayor cada vez. Cuando le cortaron aquella rama que el huracán le tronchó, me pareció que me habían arrancado un miembro; y, a veces, cuando cualquier dolor me coge de improviso, me parece que le duele al pino de la Corona.

XXXIX: Aglaia[8]

How really handsome you look today, Platero! Come here. . . . Macaria
spruced you up this morning! All that's white and all that's black on you
gleams and stands out like day and night after the rain. How handsome you
look, Platero!

Platero, a little ashamed at seeing himself like that, comes to me slowly, still
wet from his bath, so clean that he's like a naked girl. His face has brightened
like a dawn, and in it his eyes flash vividly, as if the youngest of the Graces
had lent them ardor and brilliance.

I tell him that, and with a sudden brotherly enthusiasm I seize his head
and turn it back and forth in a loving hug; I tickle him. . . . His eyes lowered,
he defends himself gently with his ears, without stirring from the spot, or
else he frees himself in a short sprint, only to stop short again, like a playful
lapdog.

"How handsome you look, fellow!" I repeat.

And Platero, just like a child of the poor wearing a new garment, runs
timidly, speaking to me, looking at me as he flees with joy in his ears, and
stops at the stable door, pretending to eat some red bellflowers.

Aglaia, donor of goodness and beauty, leaning against the pear tree that ex-
hibits a triple top of leaves, pears, and sparrows, observes the scene smilingly,
nearly invisible in the transparency of the morning sun.

XL: The Pine of La Corona

Wherever I halt, Platero, I seem to be halting beneath the pine of La Corona.
Wherever I arrive—city, love, fame—I seem to be arriving at its spreading
green plenitude below the broad blue sky with white clouds. It's a bright
cylindrical beacon in the difficult seas of my dream, just as it is for the sea-
men of Moguer in their storms at the helm; a safe summit for my hard days,
at the top of its wild red hill, which the beggars climb on their way to
Sanlúcar.

How strong I always feel when I rest beneath its memory! When I grew up,
it was the only thing that didn't cease to be big, the only thing that became
bigger all the time. When they cut off that bough which the hurricane had
broken, I thought a limb of my own had been pulled out; and at times, when
some pain seizes on me unexpectedly, I imagine that it hurts the pine of La
Corona.

8. One of the Three Graces in Greek mythology.

La palabra magno le cuadra como al mar, como al cielo y como a mi corazón. A su sombra, mirando las nubes, han descansado razas y razas por siglos, como sobre el agua, bajo el cielo y en la nostalgia de mi corazón. Cuando, en el descuido de mis pensamientos, las imágenes arbitrarias se colocan donde quieren, o en estos instantes en que hay cosas que se ven cual en una visión segunda y a un lado de lo distinto, el pino de la Corona, transfigurado en no sé qué cuadro de eternidad, se me presenta, más rumoroso y más gigante aún, en la duda, llamándome a descansar a su paz, como el término verdadero y eterno de mi viaje por la vida.

XLI: Darbón

Darbón, el médico de Platero, es grande como el buey pío, rojo como una sandía. Pesa once arrobas. Cuenta, según él, tres duros de edad.

Cuando habla, le faltan notas, cual a los pianos viejos; otras veces, en lugar de palabra, le sale un escape de aire. Y estas pifias llevan un acompañamiento de inclinaciones de cabeza, de manotadas ponderativas, de vacilaciones chochas, de quejumbres de garganta y salivas en el pañuelo, que no hay más que pedir. Un amable concierto para antes de la cena.

No le queda muela ni diente y casi sólo come migajón de pan, que ablanda primero en la mano. Hace una bola y ¡a la boca roja! Allí la tiene, revolviéndola, una hora. Luego, otra bola, y otra. Masca con las encías, y la barba le llega, entonces, a la aguileña nariz.

Digo que es grande como el buey pío. En la puerta del banco, tapa la casa. Pero se enternece, igual que un niño, con Platero. Y si ve una flor o un pajarillo, se ríe de pronto, abriendo toda su boca, con una gran risa sostenida, cuya velocidad y duración él no puede regular, y que acaba siempre en llanto. Luego, ya sereno, mira largamente del lado del cementerio viejo:

—Mi niña, mi pobrecita niña . . .

XLII: El niño y el agua

En la sequedad estéril y abrasada de sol del gran corralón polvoriento que, por despacio que se pise, lo llena a uno hasta los ojos de su blanco polvo cernido, el niño está con la fuente, en grupo franco y risueño, cada uno con su alma. Aunque no hay un solo árbol, el corazón se llena, llegando, de un nombre, que los ojos repiten, escrito en el cielo azul Prusia con grandes letras de luz: Oasis.

The word "great" befits it as it does the sea, the sky, and my heart. In its shade many generations have rested, looking at the clouds, for centuries, as if on the water, beneath the sky, and in the nostalgia of my heart. When my thoughts wander freely and the arbitrary images settle wherever they wish, or in those moments when there are things that are seen as if by second sight, apart from that which is distinctly perceived, the pine of La Corona, transfigured into some picture of eternity, comes to my mind, more rustling and more gigantic yet, amid my doubts, beckoning me to repose in its peace, as if it were the true and eternal terminus of my journey through life.

XLI: Darbón

Darbón, Platero's veterinarian, is as big as the spotted ox, red as a watermelon. He weighs 275 pounds. According to him, he's sixty years old.

When he speaks, there are missing notes, as in old pianos; at other times, instead of words, air leaks out of him. And these contretemps are accompanied by noddings of his head, excessive slaps, senile hesitations, whinings in the throat, and saliva on his handkerchief which are all that could be wished. A charming concert before supper.

He doesn't have a tooth or a molar left, and he eats hardly anything but the crumb of bread, which he first softens in his hand. He kneads it into a ball and pops it into his mouth. There he keeps it, rolling it around, for an hour. Then another ball and another. He chews with his gums, and at such times his chin comes up to his aquiline nose.

As I said, he's as big as the spotted ox. In the doorway by the bench, he hides the house. But he becomes as tender as a child with Platero. And if he sees a flower or a songbird, he immediately laughs, opening his mouth wide, with loud, sustained laughter, the speed and duration of which he's unable to control, and which always ends as weeping. Then, serene once more, he takes a long look in the direction of the old cemetery:

"My little girl, my poor little girl.". . .

XLII: The Boy and the Water

In the sterile, sun-scorched dryness of the large dusty yard, which no matter how slowly you walk, fills you up to the eyes with its white sifted dust, the boy is with the fountain, forming a candid, smiling group, each with a soul. Though there isn't a single tree, your heart, when you arrive, is filled with a name, which your eyes repeat, written on the Prussian blue sky in large letters of light: oasis.

Ya la mañana tiene calor de siesta y la chicharra sierra su olivo, en el corral de San Francisco. El sol le da al niño en la cabeza; pero él, absorto en el agua, no lo siente. Echado en el suelo, tiene la mano bajo el chorro vivo, y el agua le pone en la palma un tembloroso palacio de frescura y de gracia que sus ojos negros contemplan arrobados. Habla solo, sorbe su nariz, se rasca aquí y allá entre sus harapos, con la otra mano. El palacio, igual siempre y renovado a cada instante, vacila a veces. Y el niño se recoge entonces, se aprieta, se sume en sí, para que ni ese latido de la sangre que cambia, con un cristal movido solo, la imagen tan sensible de un calidoscopio, le robe al agua la sorprendida forma primera.

—Platero, no sé si entenderás o no lo que te digo: pero ese niño tiene en su mano mi alma.

XLIII: Amistad

Nos entendemos bien. Yo lo dejo ir a su antojo, y él me lleva siempre adonde quiero.

Sabe Platero que, al llegar al pino de la Corona, me gusta acercarme a su tronco y acariciárselo, y mirar el cielo al través de su enorme y clara copa; sabe que me deleita la veredilla que va, entre céspedes, a la Fuente vieja; que es para mí una fiesta ver el río desde la colina de los pinos, evocadora, con su bosquecillo alto, de parajes clásicos. Como me adormile, seguro, sobre él, mi despertar se abre siempre a uno de tales amables espectáculos.

Yo trato a Platero cual si fuese un niño. Si el camino se torna fragoso y le pesa un poco, me bajo para aliviarlo. Lo beso, lo engaño, lo hago rabiar . . . Él comprende bien que lo quiero, y no me guarda rencor. Es tan igual a mí, tan diferente a los demás, que he llegado a creer que sueña mis propios sueños.

Platero se me ha rendido como una adolescente apasionada. De nada protesta. Sé que soy su felicidad. Hasta huye de los burros y de los hombres . . .

XLIV: La arrulladora

La chiquilla del carbonero, bonita y sucia cual una moneda, bruñidos los negros ojos y reventando sangre los labios prietos entre la tizne, está a la puerta de la choza, sentada en una teja, durmiendo al hermanito.

The morning is already as hot as the hottest time of day, and the cicadas are "sawing their olive tree" in San Francisco churchyard. The sun strikes the boy on the head, but he, absorbed in the water, doesn't feel it. Stretched out on the ground, he holds his hand under the living jet, and the water places in his palm a trembling palace of coolness and grace which his dark eyes contemplate in ecstasy. He talks to himself, he inhales, he scratches himself here and there under his rags with his other hand. The palace, always the same yet renewed every moment, is sometimes hesitant. And at such times the boy pulls back, tightens up, sinks into himself, so that not even the pulsation of his blood, which, by moving a single crystal, changes the highly sensitive kaleidoscopic image, will deprive the water of its pristine form, which he had caught off guard.

"Platero, I don't know whether you'll understand what I tell you, or not: but that boy has my soul in his hand."

XLIII: Friendship

We get along well. I let him go wherever he likes, and he always carries me wherever I want.

Platero knows that, when we arrive at the pine of La Corona, I like to go up to its trunk and caress it, and to look at the sky through its enormous, bright top; he knows I'm delighted by the little path that leads past bushes to the Old Fountain; that I enjoy watching the river from the hill of pines, whose high-perched little forest is reminiscent of classical sites. When I doze off, securely seated on him, my awakening always opens out onto some such charming view.

I treat Platero as if he were a child. If the road becomes rocky and is a little hard on him, I dismount to relieve him. I kiss him, I play tricks on him, I get him furious. . . . He understands perfectly that I love him, and he doesn't hold a grudge. He's so much like me, and so different from everyone else, that I've come to believe he dreams my own dreams.

Platero has submitted to me like a passionate adolescent girl. He protests at nothing. I know that I spell happiness for him. He even shuns donkeys and men. . . .

XLIV: The Lullaby Singer

The charcoal burner's little girl, pretty and dirty as a coin, her dark eyes burnished, and her firm lips bursting with blood amid the soot, is at the door to their hut, sitting on a roof tile, rocking her little brother to sleep.

Vibra la hora de mayo, ardiente y clara como un sol por dentro. En la paz brillante, se oye el hervor de la olla que cuece en el campo, la brama de la dehesa de los Caballos, la alegría del viento el mar en la maraña de los eucaliptos.

Sentida y dulce, la carbonera canta:

> Mi niiiño se va a dormiii
> en graaasia de la Pajtoraaa . . .

Pausa. El viento en las copas . . .

> . . . y pooor dormirse mi niñooo,
> se duermeee la arruyadoraaa . . .

El viento . . Platero, que anda, manso, entre los pinos quemados, se llega, poco a poco . . . Luego se echa en la tierra fosca y, a la larga copla de madre, se adormila, igual que un niño.

XLV: El árbol del corral

Este árbol, Platero, esta acacia que yo mismo sembré, verde llama que fue creciendo, primavera tras primavera, y que ahora mismo nos cubre con su abundante y franca hoja pasada de sol poniente, era, mientras viví en esta casa, hoy cerrada, el mejor sostén de mi poesía. Cualquier rama suya, engalanada de esmeralda por abril o de oro por octubre, refrescaba, sólo con mirarla un punto, mi frente, como la mano más pura de una musa. ¡Qué fina, qué grácil, qué bonita era!

Hoy, Platero, es dueña casi de todo el corral. ¡Qué basta se ha puesto! No sé si se acordará de mí. A mí me parece otra. En todo este tiempo en que la tenía olvidada, igual que si no existiese, la primavera la ha ido formando, año tras año, a su capricho, fuera del agrado de mi sentimiento.

Nada me dice hoy, a pesar de ser árbol, y árbol puesto por mí. Un árbol cualquiera que por primera vez acariciamos, nos llena, Platero, de sentido el corazón. Un árbol que hemos amado tanto, que tanto hemos conocido, no nos dice nada vuelto a ver, Platero. Es triste; mas es inútil decir más. No, no puedo mirar ya en esta fusión de la acacia y el ocaso, mi lira colgada. La rama graciosa no me trae el verso, ni la iluminación interna de la copa el pensamiento. Y aquí, a donde tantas veces vine de la vida, con una ilusión de soledad musical, fresca y

The May hour is vibrant, burning and bright as a sun inside. In the brilliant peace can be heard the boiling of the pot cooking food in the field, the mating call from the Horse Pasture, the merriment of the sea breeze in the tangle of the eucalyptuses.

In a heartfelt, sweet tone, the charcoal burner's daughter sings:

> My baby is going to sleep
> in the grace of the Shepherdess. . . .[9]

A pause. The wind in the treetops. . . .

> And because my baby falls asleep,
> the lullaby singer falls asleep. . . .

The wind. . . . Platero, who is walking softly amid the sun-scorched pines, gradually arrives. . . . Then he stretches out on the dark earth and dozes off like a child to the long maternal song.

XLV: The Tree in the Yard

This tree, Platero, this acacia which I planted myself, a green flame that went on growing, spring after spring, and which now covers us with its abundant, free-growing foliage, shot through with the setting sun, was the best support of my poetry as long as I lived in this house, now shut. Any one of its boughs, adorned with emerald in April or gold in October, cooled my brow if I just looked at it a moment, like the purest hand of a Muse. How delicate, how graceful, how pretty it was!

Today, Platero, it has taken over almost the whole yard. How coarse it's become! I don't know whether it will remember me. It seems different to me. During all this time when I had forgotten it, just as if it didn't exist, springtime has continued to shape it according to its whim, year after year, regardless of my standards of pleasure.

It says nothing to me today, in spite of being a tree, and a tree that I planted. Any tree that we caress for the first time, Platero, fills our heart with emotion. A tree that we have loved so much, known so well, has no meaning for us when we see it again, Platero. It's sad, but it's futile to say more. No, in this fusion of acacia and sunset, I can no longer see my lyre hanging. The graceful bough inspires me with no verse, nor does the inner illumination of the treetop bring me thoughts. And here, where I came from life so often, with high hopes of musical, cool, fragrant solitude, I feel uncomfortable and

9. The Virgin Mary.

olorosa, estoy mal, y tengo frío, y quiero irme, como entonces del casino, de la botica o del teatro, Platero.

XLVI: La tísica

Estaba derecha en una triste silla, blanca la cara y mate, cual un nardo ajado, en medio de la encalada y fría alcoba. Le había mandado el médico salir al campo, a que le diera el sol de aquel mayo helado; pero la pobre no podía.

—Cuando yego ar puente —me dijo—, ¡ya v'usté, zeñorito, ahí ar lado que ejtá!, m'ahogo . . .

La voz pueril, delgada y rota, se le caía, cansada, como se cae, a veces, la brisa en el estío.

Yo le ofrecí a Platero para que diese un paseíto. Subida en él, ¡qué risa la de su aguda cara de muerta, toda ojos negros y dientes blancos!

. . . Se asomaban las mujeres a las puertas a vernos pasar. Iba Platero despacio, como sabiendo que llevaba encima un frágil lirio de cristal fino. La niña, con su hábito cándido de la Virgen de Montemayor, lazado de grana, transfigurada por la fiebre y la esperanza, parecía un ángel que cruzaba el pueblo, camino del cielo del sur.

XLVII: El Rocío

Platero —le dije—; vamos a esperar las Carretas. Traen el rumor del lejano bosque de Doñana, el misterio del pinar de las Ánimas, la frescura de las Madres y de los dos Frenos, el olor de la Rocina . . .

Me lo llevé, guapo y lujoso, a que piropeara a las muchachas por la calle de la Fuente, en cuyos bajos aleros de cal se moría, en una vaga cinta rosa, el vacilante sol de la tarde. Luego nos pusimos en el vallado de los Hornos, desde donde se ve todo el camino de los Llanos.

Venían ya, cuesta arriba, las Carretas. La suave llovizna de los Rocíos caía sobre las viñas verdes, de una pasajera nube malva. Pero la gente no levantaba siquiera los ojos al agua.

Pasaron, primero, en burros, mulas y caballos ataviados a la moruna y la crin trenzada, las alegres parejas de novios, ellos alegres, valientes ellas. El rico y vivo tropel iba, volvía, se alcanzaba incesantemente en una locura sin sentido. Seguía luego el carro de los borrachos, estrepitoso, agrio y trastornado. Detrás, las carretas, como lechos, colgadas de blanco, con las muchachas, morenas, duras y floridas, sen-

chilled, and I want to leave, just as in those past days I wanted to leave the club, the shops, or the theater, Platero.

XLVI: The Consumptive Girl

She used to sit up straight on a sad chair, her face white and matt like a faded amaryllis, in the center of the cold, whitewashed bedroom. The doctor had ordered her to go out into the countryside, to benefit from the sunshine of that chilly May, but the poor girl was unable to.

"When I get to the bridge," she told me, "and you see, young master, it's right alongside here, I choke up. . . ."

Her childish voice, thin and cracked, dropped in weariness, as a breeze will sometimes drop in summertime.

I offered her Platero for a little stroll. When she was mounted on him, what laughter on her sharp dead face, all dark eyes and white teeth!

. . . The women came to their doorways to watch us go by. Platero walked slowly, as if he knew he was carrying a fragile lily of fine glass. The girl, with her white habit of the Virgin of Montemayor, with a scarlet cord, transfigured by fever and hope, resembled an angel crossing town on the way to the southern sky.

XLVII: El Rocío

"Platero," I said, "let's go and wait for the pilgrimage carts. They bring the sound of the far-off forest of Doñana, the mystery of the pinewood of Las Ánimas, the coolness of Las Madres and the two Frenos, the fragrance of La Rocina.". . .

I took him, looking handsome and luxurious, so he could flirt with the girls on the Calle de la Fuente, on whose low whitewashed eaves the hesitant evening sun was dying in a vague pink ribbon. Then we climbed onto the bank of Los Hornos, from which the entire road to Los Llanos can be seen.

The carts were already coming uphill. The soft drizzle of the pilgrimage season was falling onto the green grapevines from a transitory mauve cloud. But the people weren't even looking up at the rain.

First, on donkeys, mules, and horses with Moorish harness and braided manes, the merry pairs of sweethearts passed by, the men merry and the women boastful. The richly clad, lively troop departed, returned, and caught up with itself incessantly in meaningless madness. Then there followed the drunkards' wagon, noisy, wild, and topsy-turvy. Behind it, the carts, like beds with white hangings, with the girls, swarthy, hard, and blossoming, seated

tadas bajo el dosel, repicando panderetas y chillando sevillanas. Más caballos, más burros . . . Y el mayordomo —¡Viva la Virgen del Rocíoooo! ¡Vivaaaaa!— calvo, seco y rojo, el sombrero ancho a la espalda y la vara de oro descansada en el estribo. Al fin, mansamente tirado por dos grandes bueyes píos, que parecían obispos con sus frontales de colorines y espejos, en los que chispeaba el trastorno del sol mojado, cabeceando con la desigual tirada de la yunta, el Sin Pecado, amatista y de plata en su carro blanco, todo en flor, como un cargado jardín mustio.

Se oía ya la música, ahogada entre el campaneo y los cohetes negros y el duro herir de los cascos herrados en las piedras . . .

Platero, entonces, dobló sus manos, y, como una mujer, se arrodilló —¡una habilidad suya!—, blando, humilde y consentido.

XLVIII: Ronsard

Libre ya Platero del cabestro, y paciendo entre las castas margaritas del pradecillo, me he echado yo bajo un pino, he sacado de la alforja moruna un breve libro, y, abriéndolo por una señal, me he puesto a leer en alta voz:

Comme on voit sur la branche au mois de mai la rose
En sa belle jeunesse, en sa première fleur,
Rendre le ciel jaloux de . . .

Arriba, por las ramas últimas, salta y pía un leve pajarillo, que el sol hace, cual toda la verde cima suspirante, de oro. Entre vuelo y gorjeo, se oye el partirse de las semillas que el pájaro se está almorzando.

. . . jaloux de sa vive couleur . . .

Una cosa enorme y tibia avanza, de pronto, como una proa viva, sobre mi hombro . . . Es Platero, que, sugestionado, sin duda, por la lira de Orfeo, viene a leer conmigo. Leemos:

. . . vive couleur,
Quand l'aube de ses pleurs au point du jour l'a . . .

Pero el pajarillo, que debe digerir aprisa, tapa la palabra con una nota falsa.

beneath the canopy, shaking tambourines and screeching sevillanas. More horses, more donkeys. . . . And the leader ("Long live the Virgin of El Rocío! Long may she live!"), bald, thin, red-faced, his broad hat pushed back onto his shoulders and his gold baton resting on his stirrup. Finally, gently drawn by two big spotted oxen, which resembled bishops with their brightly colored headbands with pieces of mirror in which the nervous changes of the moist sunshine sparkled, there came, nodding with the uneven traction of the yoked animals, the Immaculate One, amethyst and silver on her white wagon, which was all flowers, like a crowded, withered garden.

We could already hear the music, drowned by the church bells, the black rockets, and the hard clatter of the shod hoofs on the stones. . . .

Then Platero bent his forelegs and knelt down like a woman—an accomplishment of his!—bland, humble, and indulgent.

XLVIII: Ronsard

Platero is now freed from the halter and grazing amid the chaste daisies on the little meadow, and I have stretched out under a pine, I've taken a small book out of my Moorish saddlebag and, opening it at a mark, I've begun to read aloud:

> As one sees the rose on its branch in the month of May
> in its lovely youth, in its first flower,
> making heaven jealous of . . .

Up above, in the highest branches, a lightweight bird hops and chirps, the sun turning it to gold, like the entire sighing green treetop. Amid its flying and twittering can be heard the cracking of the seeds on which the bird is lunching.

> . . . jealous of its bright hue . . .

Something huge and warm suddenly protrudes over my shoulder, like a living prow. . . . It's Platero, who, no doubt prompted by Orpheus's lyre, has come to read along with me. We read:

> . . . bright hue,
> when dawn with its tears at daybreak be—. . .[10]

But the little bird, which must digest quickly, drowns out the word with a wrong note.

---

10. The French word left incomplete in this quatrain is *arrose* ("bedews it"). The Ronsard line in the last paragraph is from a different poem.

Ronsard, olvidado un instante de su soneto «*Quand en songeant ma follatre j'accolle*» . . . , se debe haber reído en el infierno . . .

XLIX: El tío de las vistas

De pronto, sin matices, rompe el silencio de la calle el seco redoble de un tamborcillo. Luego, una voz cascada tiembla un pregón jadeoso y largo. Se oyen carreras, calle abajo . . . Los chiquillos gritan: ¡El tío de las vistas! ¡Las vistas! ¡Las vistas!

En la esquina, una pequeña caja verde con cuatro banderitas rosas, espera sobre su catrecillo, la lente al sol. El viejo toca y toca el tambor. Un grupo de chiquillos sin dinero, las manos en el bolsillo o a la espalda, rodean, mudos, la cajita. A poco, llega otro corriendo, con su perra en la palma de la mano. Se adelanta, pone sus ojos en la lente . . .

—¡Ahooora se verá . . . al general Prim . . . en su caballo blancoooo . . . ! —dice el viejo forastero con fastidio, y toca el tambor.

—¡El puerto . . . de Barcelonaaaa . . . ! —y más redoble.

Otros niños van llegando con su perra lista, y la adelantan al punto al viejo, mirándolo absortos, dispuestos a comprar su fantasía. El viejo dice:

—¡Ahooora se verá . . . el castillo de la Habanaaaa! —y toca el tambor . . .

Platero, que se ha ido con la niña y el perro de enfrente a ver las vistas, mete su cabezota por entre las de los niños, por jugar. El viejo, con un súbito buen humor, le dice: ¡Venga tu perra!

Y los niños sin dinero se ríen todos sin ganas, mirando al viejo con una humilde solicitud aduladora . . .

L: La flor del camino

¡Qué pura, Platero, y qué bella esta flor del camino! Pasan a su lado todos los tropeles —los toros, las cabras, los potros, los hombres—, y ella, tan tierna y tan débil, sigue enhiesta, malva y fina, en su vallado solo, sin contaminarse de impureza alguna.

Cada día, cuando, al empezar la cuesta, tomamos el atajo, tú la has visto en su puesto verde. Ya tiene a su lado un pajarillo, que se levanta —¿por qué?— al acercarnos; o está llena, cual una breve copa, del

Ronsard, forgetting for once his sonnet "When in dreams I embrace my madcap girl," must have laughed in the underworld. . . .

XLIX: The Peepshow Man

Suddenly, abruptly, the silence of the street is broken by the dry roll of a snare drum. Then a cracked voice tremblingly makes a long, breathless announcement. Carts can be heard down the street. . . . The little ones yell: "The peepshow man! The peepshow! The peepshow!"

At the corner, a little green box with four little pink flags is waiting on its folding stand, its lens in the sunlight. The old man keeps beating the drum. A group of penniless little children, their hands in their pockets or behind their backs, encircles the little box in silence. Soon another boy comes running, his penny in the palm of his hand. He steps forward, he puts his eyes to the lens. . . .

"Now you shall see . . . General Prim[11] . . . on his white horse!" the old out-of-towner calls in a bored tone, and he beats the drum.

"The port . . . of Barcelona!" And more drumrolls.

Other children continue to arrive, their penny at the ready; they immediately hand it to the old man, gazing at him intently, eager to purchase their dreams. The old man says:

"Now you shall see . . . the castle at Havana!" And he beats the drum.

Platero, who has gone with the girl and the dog from across the way to see the peepshow, thrusts his big head between those of the children, to play. The old man, with a sudden flash of wit, says to him: "Let's see your penny!"

And the penniless children all laugh unwillingly, gazing at the old man with humble, adulatory solicitude. . . .

L: The Wayside Flower

How pure, Platero, and how lovely this wayside flower is! All the herds pass by it—bulls, goats, colts, men—and it, so tender and weak, remains erect, mauve, and delicate on its lonely bank, uncontaminated by any impurity.

Every day, when at the foot of the hill, we take the shortcut, you've seen it at its green post. Now, it has a little bird beside it, which flies away—why?—as we approach; at other times, it's filled, like a small glass, with the bright

---

11. Juan Prim y Prats (1814–1870), a preeminent soldier and statesman.

agua clara de una nube de verano; ya consiente el robo de una abeja o el voluble adorno de una mariposa.

Esta flor vivirá pocos días, Platero, aunque su recuerdo podrá ser eterno. Será su vivir como un día de tu primavera, como una primavera de mi vida . . . ¿Qué le diera yo al otoño, Platero, a cambio de esta flor divina, para que ella fuese, diariamente, el ejemplo sencillo y sin término de la nuestra?

LI: *Lord*

No sé si tú, Platero, sabrás ver una fotografía. Yo se las he enseñado a algunos hombres del campo y no veían nada en ellas. Pues éste es *Lord*, Platero, el perrillo *fox-terrier* de que a veces te he hablado. Míralo. Está ¿lo ves? en un cojín de los del patio de mármol, tomando, entre las macetas de geranios, el sol de invierno.

¡Pobre *Lord!* Vino de Sevilla cuando yo estaba allí pintando. Era blanco, casi incoloro de tanta luz, pleno como un muslo de dama, redondo e impetuoso como el agua en la boca de un caño. Aquí y allá, mariposas posadas, unos toques negros. Sus ojos brillantes eran dos breves inmensidades de sentimientos de nobleza. Tenía vena de loco. A veces, sin razón, se ponía a dar vueltas vertiginosas entre las azucenas del patio de mármol, que en mayo lo adornan todo, rojas, azules, amarillas de los cristales traspasados del sol de la montera, como los palomos que pinta don Camilo . . . Otras se subía a los tejados y promovía un alboroto piador en los nidos de los aviones . . . La Macaria lo enjabonaba cada mañana y estaba tan radiante siempre como las almenas de la azotea sobre el cielo azul, Platero.

Cuando se murió mi padre, pasó toda la noche velándolo junto a la caja. Una vez que mi madre se puso mala, se echó a los pies de su cama y allí se pasó un mes sin comer ni beber . . . Vinieron a decir un día a mi casa que un perro rabioso lo había mordido . . . Hubo que llevarlo a la bodega del Castillo y atarlo allí al naranjo, fuera de la gente.

La mirada que dejó atrás por la callejilla cuando se lo llevaban sigue agujereando mi corazón como entonces, Platero, igual que la luz de una estrella muerta, viva siempre, sobrepasando su nada con la exaltada intensidad de su doloroso sentimiento . . . Cada vez que un sufrimiento material me punza el corazón, surge ante mí, larga como la vereda de la vida a la eternidad, digo, del arroyo al pino de la Corona, la mirada que *Lord* dejó en él para siempre cual una huella macerada.

rain from a summer cloud; now, it allows a bee to pilfer it, or it accepts the fickle adornment of a butterfly.

This flower will live only a few days, Platero, though the memory of it may be everlasting. Its life will be like one day of your spring, like one spring in my life. . . . What wouldn't I give the fall, Platero, in exchange for this divine flower, so that it might daily be a simple, unending example for our life?

LI: Lord

I don't know, Platero, whether you can make out a photograph. I've showed them to some field laborers, who saw nothing in them. Anyway, Platero, this is Lord, the little fox terrier I've sometimes told you about. Look at him. See? He's on one of the cushions in the marble patio, basking in the winter sun amid the pots of geraniums.

Poor Lord! He came from Seville when I was painting there. He was white, almost colorless in all that light, fleshy as a lady's thigh, round, and impetuous as the water at the spout of a pipe. Here and there, like butterflies that had alighted, a few black spots. His shining eyes were two small immensities of noble sentiments. He had a streak of lunacy. At times, for no reason, he'd start turning around dizzily among the lilies in the marble patio, which adorn it entirely in May, made red, blue, and yellow when the sun pierces the panes of the skylight, like the doves that Don Camilo paints. . . . At other times he'd climb onto the roofs and provoke a chirping uproar in the martins' nests. . . . Macaria would soap him up every morning, and he was always as radiant as the merlons of the flat roof against the blue sky, Platero.

When my father died, he spent the whole night sitting up with him next to the coffin. Once when my mother became ill, he stretched out at the foot of her bed and spent a month there without eating or drinking. . . . One day people came to my house to say that a mad dog had bitten him. . . . We had to take him to our Castle winery and tie him to the orange tree there, away from people.

The gaze he left behind on the little lane when he was taken away continues to pierce my heart as it did then, Platero, like the light from a dead star, still living, surpassing its annihilation with the heightened intensity of its painful emotion. . . . Whenever a physical suffering wounds my heart, there looms before me, long as the path from life to eternity—I mean, from the stream to the pine of La Corona—the gaze that Lord left in it forever like a macerated footprint.

LII: El pozo

¡El pozo! . . . Platero, ¡qué palabra tan honda, tan verdinegra, tan fresca, tan sonora! Parece que es la palabra la que taladra, girando, la tierra oscura, hasta llegar al agua fría.

Mira; la higuera adorna y desbarata el brocal. Dentro, al alcance de la mano, ha abierto, entre los ladrillos con verdín, una flor azul de olor penetrante. Una golondrina tiene, más abajo, el nido. Luego, tras un pórtico de sombra yerta, hay un palacio de esmeralda, y un lago, que, al arrojarle una piedra a su quietud, se enfada y gruñe. Y el cielo, al fin.

(La noche entra, y la luna se inflama allá en el fondo, adornada de volubles estrellas. ¡Silencio! Por los caminos se ha ido la vida a lo lejos. Por el pozo se escapa el alma a lo hondo. Se ve por él como el otro lado del crepúsculo. Y parece que va a salir de su boca el gigante de la noche, dueño de todos los secretos del mundo. ¡Oh laberinto quieto y mágico, parque umbrío y fragante, magnético salón encantado!)

—Platero, si algún día me echo a este pozo, no será por matarme, créelo, sino por coger más pronto las estrellas.

Platero rebuzna, sediento y anhelante. Del pozo sale, asustada, revuelta y silenciosa, una golondrina.

LIII: Albérchigos

Por el callejón de la Sal, que retuerce su breve estrechez, violeta de cal con sol y cielo azul, hasta la torre, tapa de su fin, negra y desconchada de esta parte del sur por el constante golpe del viento de la mar; lentos, vienen niño y burro. El niño, hombrecito enanillo y recortado, más chico que su caído sombrero ancho, se mete en su fantástico corazón serrano que le da coplas y coplas bajas:

. . . con grandej fatiguiiiyaaa
yo je lo pedíaaa . . .

Suelto, el burro mordisquea la escasa yerba sucia del callejón, levemente abatido por la carguilla de albérchigos. De vez en cuando, el chiquillo, como si tornara un punto a la calle verdadera, se para en seco, abre y aprieta sus desnudas piernecillas terrosas, como para cogerle fuerza, en la tierra, y, ahuecando la voz con la mano, canta duramente, con una voz en la que torna a ser niño en la *e*:

—¡Albéeerchigooo! . . .

LII: The Well

The well! . . . Platero, what a deep word, so dark green, so cool, so resonant! It seems as if it's the word that, turning, drills through the dark earth until it reaches cold water.

Look; the fig tree adorns and disjoints the curb. Inside, within hand's reach, among the mossy bricks, a blue flower with a penetrating fragrance has opened. Lower down, a swallow has its nest. Then, behind a portico of rigid shadow, there's an emerald palace, and a lake which, when a stone is hurled into its quietude, gets angry and growls. And the sky, finally.

(Night is falling, and the moon flares at the bottom there, adorned with fickle stars. Silence! Along the roads life has departed far away. Through the well the soul escapes into the deep. Through it you can see, as it were, the other side of the twilight. And it seems that there will emerge from its mouth the giant of the night, master of all the secrets in the world. O quiet, magical labyrinth, shady, fragrant park, hypnotic enchanted salon!)

"Platero, if some day I jump into this well, it won't be in order to kill myself, believe me, but to gather the stars more readily."

Platero brays, thirsty and out of breath. From the well there emerges, frightened, agitated, and silent, a swallow.

LIII: Apricots

Down the Callejón de la Sal—which twists its short, narrow way, violet with sunny whitewash and blue sky, all the way to the tower, which blocks its end, black and peeling on this south side because of the constant beating of the wind from the sea—slowly come a boy and a donkey. The boy, a dwarfed, unevenly shaped miniature man, smaller than his slipped-back wide hat, is immersed in his imaginative mountain-bred heart, which inspires him with songs, vulgar songs:

> . . . with great fatigues
> I asked her for it . . .

Let loose, the donkey nibbles the sparse dirty grass in the lane, slightly exhausted by its little load of apricots. Every so often, the little boy, as if returning for a moment to the real street, stops short, opens and closes his naked, dirt-covered little legs, as if to summon up strength from the earth, and deepening his voice with cupped hand, chants harshly, with a voice that becomes a child's again on the *e:*

"*Albérchigo!* Apricots!". . .

Luego, cual si la venta le importase un bledo —como dice el padre Díaz—, torna a su ensimismado canturreo gitano:

> . . . yo a ti no te cuurpooo,
> ni te curparíaaa . . .

Y le da varazos a las piedras, sin saberlo . . .

Huele a pan calentito y a pino quemado. Una brisa tarda conmueve levemente la calleja. Canta la súbita campanada gorda que corona las tres, con su adornillo de la campana chica. Luego un repique, nuncio de fiesta, ahoga en su torrente el rumor de la corneta y los cascabeles del coche de la estación, que parte, pueblo arriba, el silencio, que se había dormido. Y el aire trae sobre los tejados un mar ilusorio en su olorosa, movida y refulgente cristalidad, un mar sin nadie también, aburrido de sus olas iguales en su solitario esplendor.

El chiquillo torna a su parada, a su despertar y a su grito:

—¡Albéeerchigooo! . . .

Platero no quiere andar. Mira y mira al niño y husmea y topa a su burro. Y ambos rucios se entienden en no sé qué movimiento gemelo de cabezas, que recuerda, un punto, el de los osos blancos . . .

—Bueno, Platero; yo le digo al niño que me dé su burro, y tú te irás con él y serás un vendedor de albérchigos . . . , ¡ea!

LIV: La coz

Íbamos, cortijo de Montemayor, al herradero de los novillos. El patio empedrado, ombrío bajo el inmenso y ardiente cielo azul de la tardecita, vibraba sonoro del relinchar de los alegres caballos pujantes, del reír fresco de las mujeres, de los afilados ladridos inquietos de los perros. Platero, en un rincón, se impacientaba.

—Pero, hombre —le dije—, si tú no puedes venir con nosotros; si eres muy chico . . .

Se ponía tan loco, que le pedí al Tonto que se subiera en él y lo llevara con nosotros.

. . . Por el campo claro, ¡qué alegre cabalgar! Estaban las marismas risueñas, ceñidas de oro, con el sol en sus espejos rotos, que doblaban los molinos cerrados. Entre el redondo trote duro de los caballos, Platero alzaba su raudo trotecillo agudo, que necesitaba multiplicar insistentemente, como el tren de Riotinto su rodar menudo, para no quedarse solo con el Tonto en el camino. De pronto, sonó como un tiro de pistola. Platero le había rozado la grupa a un fino potro tordo

Then, as if he didn't give a damn whether he sold any or not (as Father Días says), he returns to his self-engrossed Gypsy cantilena:

> . . . I don't put the blame on you,
> nor would I ever do so . . .

And he hits the stones with his goad, unconsciously. . . .

There's a smell of warm bread and scorched pines. A belated breeze gently stirs the lane. Suddenly the big bell rings out, proclaiming it's three o'clock, with its little flourish from the small bell. Then a peal, announcing a holiday, drowns in its torrent the sound of the posthorn and collar-bells of the coach to the station, which, moving uphill through town, shatters the silence, which had fallen asleep. And the air carries above the roofs an illusory sea in its fragrant, agitated, and refulgent crystallinity, an unpopulated sea, too, bored by the regularity of its waves in its solitary splendor.

The boy returns to his stand, to his wakefulness, and to his cry: "Apricots!"

Platero doesn't want to leave. He looks and looks at the boy and sniffs and butts at his donkey. And the two animals understand each other with some sort of twin movement of their heads, similar at one moment to that made by polar bears. . . .

"All right, Platero; I'll tell the boy to give me his donkey, and you can go off with him to be a vendor of apricots . . . so there!"

LIV: The Kick

On the Montemayor estate, we were going to the branding of the bullocks. The stone-paved patio, shady beneath the immense, burning late-afternoon sky, was vibrating resonantly to the neighing of the cheerful, vigorous horses, the cool laughter of the women, and the high-pitched, restless barking of the dogs. Platero, in one corner, was getting impatient.

"But, fellow," I said to him, "you just can't come with us; you're too small.". . .

He got so crazy that I asked El Tonto to mount him and take him along.

. . . In the bright countryside, what merry riding! The salt marshes were smiling, girded with gold, with the sunlight in their broken mirrors, which reflected the closed mills. Amid the firm, hard trot of the horses, Platero went into his rapid, sharp little trot, which he had to accelerate constantly, just as the train to Ríotinto turns its wheels more rapidly, so he wouldn't be left all alone on the road with El Tonto. Suddenly there was a sound like a pistol shot. Platero had brushed the crupper of a finely built dapple-gray colt with

con su boca, y el potro le había respondido con una rápida coz. Nadie hizo caso, pero yo le vi a Platero una mano corrida de sangre. Eché pie a tierra y, con una espina y una crin, le prendí la vena rota. Luego le dije al Tonto que se lo llevara a casa.

Se fueron los dos, lentos y tristes, por el arroyo seco que baja del pueblo, tornando la cabeza al brillante huir de nuestro tropel . . .

Cuando, de vuelta del cortijo, fui a ver a Platero, me lo encontré mustio y doloroso.

—¿Ves —le suspiré—que tú no puedes ir a ninguna parte con los hombres?

LV: Asnografía

Leo en un Diccionario: *Asnografía: s. f.: se dice, irónicamente, por descripción del asno.*

¡Pobre asno! ¡Tan bueno, tan noble, tan agudo como eres! Irónicamente . . . ¿Por qué? ¿Ni una descripción seria mereces, tú, cuya descripción cierta sería un cuento de primavera? ¡Si al hombre que es bueno debieran decirle asno! ¡Si al asno que es malo debieran decirle hombre! Irónicamente . . . De ti, tan intelectual, amigo del viejo y del niño, del arroyo y de la mariposa, del sol y del perro, de la flor y de la luna, paciente y reflexivo, melancólico y amable, Marco Aurelio de los prados . . .

Platero, que sin duda comprende, me mira fijamente con sus ojazos lucientes, de una blanda dureza, en los que el sol brilla, pequeñito y chispeante en un breve y convexo firmamento verdinegro. ¡Ay! ¡Si su peluda cabezota idílica supiera que yo le hago justicia, que yo soy mejor que esos hombres que escriben Diccionarios, casi tan bueno como él!

Y he puesto al margen del libro: *Asnografía: s. f.: se debe decir, con ironía, ¡claro está!, por descripción del hombre imbécil que escribe Diccionarios.*

LVI: Corpus

Entrando por la calle de la Fuente, de vuelta del huerto, las campanas, que ya habíamos oído tres veces desde los Arroyos, conmueven, con su pregonera coronación de bronce, el blanco pueblo. Su repique voltea y voltea entre el chispeante y estruendoso subir de los cohetes, negros en el día, y la chillona metalería de la música.

his mouth, and the colt had responded with a swift kick. No one paid attention, but I saw blood running down one of Platero's forelegs. I dismounted and, with a thorn and a horsehair, I tied up the torn vein. Then I told El Tonto to take him home.

The two of them departed slowly and sadly by way of the dried-up stream that descends from town, looking back at the brilliant speed of our party. . . .

When I returned from the farm and went to see Platero, I found him gloomy and sad.

"See?" I said with a sigh. "You can't go anywhere with grownups!"

LV: Donkey-ography

I read in a dictionary: "Donkey-ography (feminine noun): said ironically; a description of the donkey."

Poor donkey! So kind, so noble, so acute as you are! "Ironically.". . . Why? Don't you even deserve a serious description, you whose accurate description would be a springtime tale? That a good-natured man should be called a donkey! That an evil-natured donkey should be called a man! "Ironically.". . . And this about you, so intellectual, friend to the old man and the child, to the stream and the butterfly, to the sun and the dog, to the flower and the moon, patient and pensive, melancholy and lovable, the Marcus Aurelius of the meadows! . . .

Platero, who no doubt understands, stares at me with his big gleaming eyes, of a gentle firmness, in which the sun shines, tiny and sparkling in a small, convex dark-green firmament. Ah! If his big, idyllic shaggy head only knew that I was doing him justice, that I'm better than those men who write dictionaries, nearly as good as he is!

And I wrote in the margin of the book: "Donkey-ography (feminine noun): ought to be used, ironically of course, to describe the idiotic man who writes dictionaries."

LVI: Corpus Christi

As we enter by way of the Calle de la Fuente, making a bend around the truck gardens, the bells, which we had already heard three times coming from Los Arroyos, stir up the white town with their attention-getting bronze coronation. Their peals ring out again and again amid the sparkling, noisy ascent of the rockets, black in the daylight, and the strident brass of the band.

La calle, recién encalada y ribeteada de almagra, verdea toda, vestida de chopos y juncias. Lucen las ventanas colchas de damasco granate, de percal amarillo, de celeste raso, y, donde hay luto, de lana cándida, con cintas negras. Por las últimas casas, en la vuelta del Porche, aparece, tarda, la Cruz de los espejos, que, entre los destellos del poniente, recoge ya la luz de los cirios rojos que lo gotean todo de rosa. Lentamente, pasa la procesión. La bandera carmín, y San Roque, Patrón de los panaderos, cargado de tiernas roscas; la bandera glauca, y San Telmo, Patrón de los marineros, con su navío de plata en las manos; la bandera gualda, y San Isidro, Patrón de los labradores, con su yuntita de bueyes; y más banderas de más colores, y más Santos, y luego, Santa Ana, dando lección a la Virgen niña, y San José, pardo, y la Inmaculada, azul . . . Al fin, entre la guardia civil, la Custodia, ornada de espigas granadas y de esmeraldinas uvas agraces su calada platería, despaciosa en su nube celeste de incienso.

En la tarde que cae, se alza, limpio, el latín andaluz de los salmos. El sol, ya rosa, quiebra su rayo bajo, que viene por la calle del Río, en la cargazón de oro viejo de las dalmáticas y las capas pluviales. Arriba, en derredor de la torre escarlata, sobre el ópalo terso de la hora serena de junio, las palomas tejen sus altas guirnaldas de nieve encendida . . .

Platero, en aquel hueco de silencio, rebuzna. Y su mansedumbre se asocia, con la campana, con el cohete, con el latín y con la música de Modesto, que tornan al punto, al claro misterio del día; y el rebuzno se le endulza, altivo, y, rastrero, se le diviniza . . .

LVII: Paseo

Por los hondos caminos del estío, colgados de tiernas madreselvas, ¡cuán dulcemente vamos! Yo leo, o canto, o digo versos al cielo. Platero mordisquea la hierba escasa de los vallados en sombra, la flor empolvada de las malvas, las vinagreras amarillas. Está parado más tiempo que andando. Yo lo dejo . . .

El cielo azul, azul, azul, asaeteado de mis ojos en arrobamiento, se levanta, sobre los almendros cargados, a sus últimas glorias. Todo el campo, silencioso y ardiente, brilla. En el río, una velita blanca se eterniza, sin viento. Hacia los montes la compacta humareda de un incendio hincha sus redondas nubes negras.

Pero nuestro caminar es bien corto. Es como un día suave e indefenso, en medio de la vida múltiple. ¡Ni la apoteosis del cielo, ni el ultramar a que va el río, ni siquiera la tragedia de las llamas!

The street, newly whitewashed and rimmed with red ocher, is all green, strewn with poplar and rushes. The windows display counterpanes of garnet damask, of yellow percale, of sky-blue satin, and, where mourning is being observed, of white wool with black ribbons. Among the farthest houses, around the corner from the Calle del Porche, there appears belatedly the mirror-studded cross, which amid the flashes of sunset, is already gathering the light of the red tapers that drip pink onto everything. Slowly the procession passes. The crimson banner, and Saint Roch, patron of bakers, laden down with tender bread rolls; the pale green banner, and Saint Elmo, patron of seafarers, with his silver ship in his hands; the yellow banner, and Saint Isidro, patron of agricultural workers, with his little yoke of oxen; and more banners of more colors, and more saints, and then Saint Anne giving a lesson to the young Virgin, and Saint Joseph, in gray, and the Immaculate One, in blue. . . . Finally, amid the Civil Guard, the monstrance, its openwork silver adorned with grain-filled ears and emerald-colored unripe grapes, comes slowly by in its sky-blue cloud of incense.

In the evening which is falling, the Andalusian-accented Latin of the Psalms rises cleanly. The sun, already pink, refracts its low beam, coming down the Calle del Río, against the heavy old-gold embroidery on the dalmatics and pluvials. Up above, around the scarlet tower, over the smooth opal of the serene June hour, the doves weave their lofty garlands of flaming snow. . . .

Platero, in that hollow of silence, brays. And his gentleness, along with the bell, the rocket, the Latin, and Modesto's band, which all return immediately, is associated with the bright mystery of the day; and his bray becomes sweet, elevated, and, earthbound as it is, becomes divine. . . .

LVII: A Promenade

Through the low-lying roads of summer, draped with tender honeysuckle, how sweetly we go! I read, or sing, or recite poetry to the sky. Platero nibbles the sparse grass of the shady banks, the dusty blossoms of the mallows, the yellow sorrel. He halts more than he walks. I let him. . . .

The blue, blue, blue sky, at which my ecstatic eyes shoot arrows, rises above the heavily laden almond trees to its ultimate glories. The entire countryside, silent and ardent, shines. On the river, a little white sail lingers in one place, with no wind. Toward the mountains, the compact smoke from a fire billows into round black clouds.

But our journey is very short. It's like a soft, defenseless day in the midst of multifarious life. Neither the apotheosis of the sky, nor the ultramarine toward which the river flows, nor even the tragedy of the flames!

Cuando, entre un olor a naranjas, se oye el hierro alegre y fresco de la noria, Platero rebuzna y retoza alegremente. ¡Qué sencillo placer diario! Ya en la alberca, yo lleno mi vaso y bebo aquella nieve líquida. Platero sume en el agua umbría su boca, y bebotea, aquí y allá, en lo más limpio, avaramente . . .

LVIII: Los gallos

No sé a qué comparar el malestar aquél, Platero . . . Una agudeza grana y oro que no tenía el encanto de la bandera de nuestra patria sobre el mar o sobre el cielo azul . . . Sí. Tal vez una bandera española sobre el cielo azul de una plaza de toros . . . mudéjar . . . , como las estaciones de Huelva a Sevilla. Rojo y amarillo de disgusto, como en los libros de Galdós, en las muestras de los estancos, en los cuadros malos de la otra guerra de África. . . . Un malestar como el que me dieron siempre las barajas de naipes finos con los hierros de los ganaderos en los oros, los cromos de las cajas de tabacos y de las cajas de pasas, las etiquetas de las botellas de vino, los premios del colegio del Puerto, las estampitas del chocolate . . .

¿A qué iba yo allí o quién me llevaba? Me parecía el mediodía de invierno caliente, como un cornetín de la banda de Modesto . . . Olía a vino nuevo, a chorizo en regüeldo, a tabaco . . . Estaba el diputado, con el alcalde y el Litri, ese torero gordo y lustroso de Huelva . . . La plaza del reñidero era pequeña y verde; y la limitaban, desbordando sobre el aro de madera, caras congestionadas, como vísceras de vaca en carro o de cerdo en matanza, cuyos ojos sacaba el calor, el vino y el empuje de la carnaza del corazón chocarrero. Los gritos salían de los ojos . . . Hacía calor y todo —¡tan pequeño: un mundo de gallos!— estaba cerrado.

Y en el rayo ancho del alto sol, que atravesaban sin cesar, dibujándolo como un cristal turbio, nubaradas de lentos humos azules, los pobres gallos ingleses, dos monstruosas y agrias flores carmines, se despedazaban, cogiéndose los ojos, clavándose, en saltos iguales, los odios de los hombres, rajándose del todo con los espolones con limón . . . o con veneno. No hacían ruido alguno, ni veían, ni estaban allí siquiera . . .

When, amid a fragrance of oranges, the merry, cool ironwork of the water-wheel is heard, Platero brays and frisks cheerfully. What simple everyday pleasures! By now at the small reservoir, I fill my glass and drink that liquid snow. Platero lowers his mouth into the shady water, and sips here and there from the clearest part, greedily. . . .

LVIII: The Cockfight

I don't know with what to compare that malaise, Platero. . . . A scarlet-and-gold sting devoid of the enchantment of our country's flag on the sea or against the blue sky. . . . Yes. Perhaps a Spanish flag against the blue sky of a bullring . . . in Moorish style . . . like the train stations between Huelva and Seville. An unpleasant red and yellow, as in Galdós's[12] books, in the displays in government-monopoly tobacco shops, in the bad paintings depicting that older war in Morocco.[13] . . . A malaise such as I have always been given by the fancy decks of cards with cattle raisers' brands in the diamond suit, by the chromos on cigar and raisin boxes, by the labels on wine bottles, by the awards at school in Puerto de Santa María, by the little prints that come with chocolates. . . .

What was I going there for, or who was taking me? The noonday was like one of a hot winter, like a cornet in Modesto's band. . . . There was a smell of new wine, of belched-up sausage, of tobacco. . . . The congressman was there, with the mayor and with Litri,[14] that fat, greasy bullfighter from Huelva. . . . The cockpit was small and green; and it was bordered by flushed faces protruding beyond the wooden hoop, like cow's innards on a cart or pig's innards on slaughtering day; their eyes bulged out with the heat, the wine, and the pressure from the flesh of their vulgar hearts. Their shouts issued from their eyes. . . . It was hot, and everything—so small: a world of roosters!—was shut.

And in the broad rays of the high-up sun, ceaselessly traversed by clouds of slow blue smoke which made the sunlight seem like a clouded glass, the poor English roosters, two monstrous, wild crimson flowers, were tearing each other apart, striking each other's eyes, nailing human hatreds into each other with equal leaps, ripping each other open with their spurs coated with lemon juice . . . or with poison. They weren't making any sound, they didn't see, they weren't even there. . . .

---

12. A snide reference to the great writer Benito Pérez Galdós (1843–1920), who wrote many patriotic, but not jingoistic, novels. 13. In 1859–1860. 14. One of an eminent dynasty of matadors, which is mentioned in Hemingway's story "The Undefeated."

Pero y yo, ¿por qué estaba allí y tan mal? No sé . . . De vez en cuando, miraba con infinita nostalgia, por una lona rota que, trémula en el aire, me parecía la vela de un bote de la Ribera, un naranjo sano que en el sol puro de fuera aromaba el aire con su carga blanca de azahar . . . ¡Qué bien —perfumaba mi alma— ser naranjo en flor, ser viento puro, ser sol alto!

. . . Y, sin embargo, no me iba . . .

LIX: Anochecer

En el recogimiento pacífico y rendido de los crepúsculos del pueblo, ¡qué poesía cobra la adivinación de lo lejano, el confuso recuerdo de lo apenas conocido! Es un encanto contagioso que retiene todo el pueblo como enclavado en la cruz de un triste y largo pensamiento.

Hay un olor al nutrido grano limpio que, bajo las frescas estrellas, amontona en las eras sus vagas colinas —¡oh Salomón!— tiernas y amarillentas. Los trabajadores canturrean por lo bajo, en un soñoliento cansancio. Sentadas en los zaguanes, las viudas piensan en los muertos, que duermen tan cerca, detrás de los corrales. Los niños corren, de una sombra a otra, como vuelan de un árbol a otro los pájaros . . .

Acaso, entre la luz ombría que perdura en las fachadas de cal de las casas humildes, que ya empiezan a enrojecer las farolas de petróleo, pasan vagas siluetas terrosas, calladas, dolientes —un mendigo nuevo, un portugués que va hacia las rozas, un ladrón acaso—, que contrastan, en su oscura apariencia medrosa, con la mansedumbre que el crepúsculo malva, lento y místico, pone en las cosas conocidas . . . Los chiquillos se alejan, y en el misterio de las puertas sin luz, se habla de unos hombres que «sacan el unto a los niños para curar a la hija del rey, que está hética» . . .

LX: El sello

Aquél tenía la forma de un reloj, Platero. Se abría la cajita de plata y aparecía, apretado contra el paño de tinta morada, como un pájaro en su nido. ¡Qué ilusión cuando, después de oprimirlo un momento contra la palma blanca, fina y malva de mi mano, aparecía en ella la estampilla:

Francisco Ruiz
Moguer.

But I, why was I there, in such discomfort? I don't know. . . . Every so often, with infinite yearning, I looked out through a torn canvas, which, fluttering in the air, seemed to me like the sail of a boat on the coast, at a healthy orange tree which in the pure sunlight outside was perfuming the air with its white load of blossom. . . . "How fine," my soul thought fragrantly, "to be an orange tree in flower, to be a fresh breeze, to be the sun high in the sky!" . . . And yet, I didn't leave. . . .

LIX: Nightfall

In my peaceful, weary meditations at twilight in town, what poetry there is in my conjectures about faraway things, in my confused recollection of what I have scarcely known! It's an infectious enchantment which keeps the whole town as if nailed to the cross of a long, sad train of thought.

There's a smell of abundant clean grain which, under the cool stars, heaps up its vague hills on the threshing floors—O Solomon!—tender, yellowish hills. The laborers sing softly below, in drowsy weariness. Seated in their entranceways, the widows think about their dead, who are asleep so close by, behind the yards. The children run from one shadow to another, the way birds fly from one tree to another. . . .

Perhaps, in the shadowy light lingering on the whitewashed fronts of the humble homes, which the kerosene streetlamps are already beginning to redden, vague silhouettes pass by, earth-colored, silent, sorrowful—a new beggar, a Portuguese heading for the cleared ground, maybe a thief—whose dark, frightening semblance is in contrast to the gentleness that the slow and mystical mauve twilight bestows on familiar things. . . . The little children depart, and in the mystery of the unlighted doorways there is talk of certain men who "take the fat out of children in order to cure the king's daughter, who is consumptive." . . .

LX: The Stamp

That one was shaped like a watch, Platero. You opened the little silver case and it appeared, tight against the purple-ink pad, like a bird in its nest. What a thrill when, after I pressed it for a moment against the soft white-and-mauve palm of my hand, my hand displayed the lettering:

FRANCISCO RUIZ
MOGUER

¡Cuánto soñé yo con aquel sello de mi amigo del colegio de don Carlos! Con una imprentilla que me encontré arriba, en el escritorio viejo de mi casa, intenté formar uno con mi nombre. Pero no quedaba bien, y sobre todo, era difícil la impresión. No era como el otro, que con tal facilidad dejaba, aquí y allá, en un libro, en la pared, en la carne, su letrero:

FRANCISCO RUIZ
MOGUER.

Un día vino a mi casa, con Arias, el platero de Sevilla, un viajante de escritorio. ¡Qué embeleso de reglas, de compases, de tintas de colores, de sellos! Los había de todas las formas y tamaños. Yo rompí mi alcancía, y con un duro que me encontré, encargué un sello con mi nombre y pueblo. ¡Qué larga semana aquélla! ¡Qué latirme el corazón cuando llegaba el coche del correo! ¡Qué sudor triste cuando se alejaban, en la lluvia, los pasos del cartero! Al fin, una noche, me lo trajo. Era un breve aparato complicado, con lápiz, pluma, iniciales para lacre . . . ¡qué sé yo! Y dando a un resorte, aparecía la estampilla, nuevecita, flamante.

¿Quedó algo por sellar en mi casa? ¿Qué no era mío? Si otro me pedía el sello —¡cuidado, que se va a gastar!—, ¡qué angustia! Al día siguiente, con qué prisa alegre llevé al colegio todo, libros, blusa, sombrero, botas, manos, con el letrero:

JUAN RAMÓN JIMÉNEZ
MOGUER.

LXI: La perra parida

La perra de que te hablo, Platero, es la de Lobato, el tirador. Tú la conoces bien, porque la hemos encontrado muchas veces por el camino de los Llanos . . . ¿Te acuerdas? Aquella dorada y blanca, como un poniente anubarrado de mayo . . . Parió cuatro perritos, y Salud, la lechera, se los llevó a su choza de las Madres porque se le estaba muriendo un niño y don Luis le había dicho que le diera caldo de perritos. Tú sabes bien lo que hay de la casa de Lobato al puente de las Madres, por la pasada de las Tablas . . .

Platero, dicen que la perra anduvo como loca todo aquel día, entrando y saliendo, asomándose a los caminos, encaramándose en los vallados, oliendo a la gente . . . Todavía a la oración la vieron, junto a

How often I dreamed about that stamp owned by my friend in Don Carlos's school! With a little printing kit I found upstairs at home in the old desk, I tried to make one with my own name. But it didn't come out right, and, above all, it was hard to get an impression. It wasn't like the other one, which so readily left its wording here and there, in a book, on the wall, on your skin:

FRANCISCO RUIZ
MOGUER

One day, a traveling salesmen of writing supplies came to my house along with Arias, the silversmith from Seville. What a bewitching assortment of rulers, compasses, colored inks, and stamps! They came in all shapes and sizes. I broke open my moneybox, and with a five-peseta coin I found in it I ordered a stamp with my name and town. What a long week that was! How my heart beat whenever the mail wagon came! What sad perspiration whenever the postman's steps moved away in the rain! Finally, one night, he brought it to me. It was a small, complicated gadget, with a pencil, pen, initials for sealing wax, and lots more! When you pressed a spring, there was the little stamp, pristine, brand-new.

Was there anything in my house left unstamped? What wasn't mine? If someone else asked me for the stamp—careful, you'll wear it out!—how nervous I was! The next day, with what merry haste I brought everything to school, books, smock, hat, shoes, hands, with the wording:

JUAN RAMÓN JIMÉNEZ
MOGUER.

LXI: The Dog with New Puppies

The dog I'm talking about, Platero, is the one belonging to Lobato, the marksman. You know her well, because we've often met her on the way to Los Llanos. . . . Remember? That gold-and-white one, like a cloudy sunset in May. . . . She whelped four puppies, and Salud, the dairywoman, took them to her hut at Las Madres because one of her children was dying and Don Luis had told her to give him puppy broth. You're well aware how far it is from Lobato's house to the Bridge of Las Madres, by way of the Passage of Las Tablas. . . .

Platero, they say that the dog went around like crazy all that day, going out and coming in, looking down the roads, climbing up the banks, sniffing at people. . . . At Angelus time she was still seen next to the guard's

la casilla del celador, en los Hornos, aullando tristemente sobre unos sacos de carbón, contra el ocaso.

Tú sabes bien lo que hay de la calle de Enmedio a la pasada de las Tablas . . . Cuatro veces fue y vino la perra durante la noche, y cada una se trajo a un perrito en la boca, Platero. Y al amanecer, cuando Lobato abrió su puerta, estaba la perra en el umbral mirando dulcemente a su amo, con todos los perritos agarrados, en torpe temblor, a sus tetillas rosadas y llenas . . .

LXII: Ella y nosotros

Platero; acaso ella se iba —¿adónde?— en aquel tren negro y soleado que, por la vía alta, cortándose sobre los nubarrones blancos, huía hacia el norte.

Yo estaba abajo, contigo, en el trigo amarillo y ondeante, goteado todo de sangre de amapolas a las que ya julio ponía la coronita de ceniza. Y las nubecillas de vapor celeste —¿te acuerdas?— entristecían un momento el sol y las flores, rodando vanamente hacia la nada . . .

¡Breve cabeza rubia, velada de negro! . . . Era como el retrato de la ilusión en el marco fugaz de la ventanilla.

Tal vez ella pensara: —¿Quiénes serán ese hombre enlutado y ese burrillo de plata?

¡Quiénes habíamos de ser! Nosotros . . . , ¿verdad, Platero?

LXIII: Gorriones

La mañana de Santiago está nublada de blanco y gris, como guardada en algodón. Todos se han ido a misa. Nos hemos quedado en el jardín los gorriones, Platero y yo.

¡Los gorriones! Bajo las redondas nubes, que, a veces, llueven unas gotas finas, ¡cómo entran y salen en la enredadera, cómo chillan, cómo se cogen de los picos! Éste cae sobre una rama, se va y la deja temblando; el otro se bebe un poquito de cielo en un charquillo del brocal del pozo; aquél ha saltado al tejadillo del alpende, lleno de flores casi secas, que el día pardo aviva.

¡Benditos pájaros, sin fiesta fija! Con la libre monotonía de lo nativo, de lo verdadero, nada, a no ser una dicha vaga, les dicen a ellos

little house at Los Hornos, howling sadly at the sunset, on some sacks of charcoal.

You're well aware how far it is from the Calle de Enmedio to the Passage of Las Tablas. . . . The dog went and returned four times during the night, and each time she carried one puppy back in her mouth, Platero. And at dawn, when Lobato opened his door, there was the dog looking sweetly at her master, with all the puppies, in a sluggish tremor, attached to her full pink dugs. . . .

LXII: She and We

Platero, at times she'd depart (where to?) on that black, sunny train which, on its high tracks, outlined against the big white clouds, sped northward.

I would be standing below, with you, in the waving yellow wheat, all sprinkled with the blood of the poppies which July was already giving their little ashen crown. And the little clouds of sky-blue steam (remember?) saddened the sun and the flowers for a moment, futilely rolling toward nothingness. . . .

Small blonde head with a black veil! . . . She was like the portrait of lost hope in the fleeting frame of the train window.

Perhaps she was thinking: "Who can that man in mourning be, with that little silvery donkey?"

Who could it be! We . . . right, Platero?

LXIII: Sparrows

The morning of Saint James's Day[15] is clouded with white and gray, as if stored in cotton. Everyone has gone to mass. We have remained in the garden: the sparrows, Platero, and I.

The sparrows! Below the round clouds which at times rain down a few small drops, how they fly in and out of the clinging vine, how they chatter, how they join beaks! One drops onto a branch, departs, and leaves it quivering; another drinks a little sky in a small puddle on the well curb; yet another has hopped onto the little roof of the shed, filled with nearly dry flowers which the gray day is reviving.

Lucky birds, without immovable holidays! In their free monotony of the natural and the true, the bells mean nothing to them, except a vague

---

15. July 25.

las campanas. Contentos, sin fatales obligaciones, sin esos olimpos ni esos avernos que extasían o que amedrentan a los pobres hombres esclavos, sin más moral que la suya, ni más Dios que lo azul, son mis hermanos, mis dulces hermanos.

Viajan sin dinero y sin maletas; mudan de casa cuando se les antoja; presumen un arroyo, presienten una fronda, y sólo tienen que abrir sus alas para conseguir la felicidad; no saben de lunes ni de sábados; se bañan en todas partes, a cada momento; aman el amor sin nombre, la amada universal.

Y cuando las gentes, ¡las pobres gentes!, se van a misa los domingos, cerrando las puertas, ellos, en un alegre ejemplo de amor sin rito, se vienen de pronto, con su algarabía fresca y jovial, al jardín de las casas cerradas, en las que algún poeta, que ya conocen bien, y algún burrillo tierno —¿te juntas conmigo?— los contemplan fraternales.

LXIV: Frasco Vélez

Hoy no se puede salir, Platero. Acabo de leer en la plazoleta de los Escribanos el bando del alcalde:

«Todo Can que transite por los andantes de esta Noble Ciudad de Moguer, sin su correspondiente *Sálamo* o bozal, será pasado por las armas por los Agentes de mi Autoridad.»

Eso quiere decir, Platero, que hay perros rabiosos en el pueblo. Ya ayer noche, he estado oyendo tiros y más tiros de la «Guardia municipal nocturna consumera volante», creación también de Frasco Vélez, por el Monturrio, por el Castillo, por los Trasmuros.

Lolilla, la tonta, dice alto por las puertas y ventanas, que no hay tales perros rabiosos, y que nuestro alcalde actual, así como el otro, Vasco, vestía al Tonto de fantasma, busca la soledad que dejan sus tiros, para pasar su aguardiente de pita y de higo. Pero, ¿y si fuera verdad y te mordiera un perro rabioso? ¡No quiero pensarlo, Platero!

LXV: El verano

Platero va chorreando sangre, una sangre espesa y morada, de las picaduras de los tábanos. La chicharra sierra un pino, que nunca llega . . . Al abrir los ojos, después de un inmenso sueño instantáneo, el paisaje de arena se me torna blanco, frío en su ardor, espectral.

happiness. Contented, with no dire obligations, without those heavens or hells which enrapture or frighten poor slavish man, without any other morality than their own, or any God other than the blue sky, they are my brothers, my sweet brothers.

They travel without money and without baggage; they change residences whenever they feel like it; they assume a stream, foresee a leafy branch, and they need merely spread their wings to attain happiness; they know nothing of Mondays or Saturdays; they bathe anywhere, at any time; they love the love that can't be described, the universal beloved.

And when people (poor people!) go to mass on Sundays, locking their doors, they, giving a merry example of unceremonious love, suddenly come, with their fresh, jovial babble, to the gardens of the locked-up houses, in which some poet, whom they already know well, and some tender little donkey (will you join me?) gaze at them fraternally.

LXIV: Frasco Vélez

We can't go out today, Platero. I've just read in the little Square of the Scribes the mayor's proclamation:

"Any canine proceeding down the thoroughfares of this Noble City of Moguer without its proper muzzle will be executed by the Agents of my Authority."

Which means, Platero, that there are mad dogs in town. Last night I already heard a number of shots fired by the "nocturnal flying squad of municipal guards and tolltakers," another creation of Frasco Vélez, in the Monturrio, Castillo, and Trasmuros neighborhoods.

Lolilla, the simpleminded woman, says aloud at doors and windows that there are no such mad dogs, but that our present mayor, in the same way that that other one, Vasco, used to dress up El Tonto as a ghost, is seeking the solitude caused by his shooting in order to smuggle his agave and fig brandy. But what if it were true and a mad dog bit you? I don't even want to imagine it, Platero!

LXV: Summer

Platero is bleeding thick, purple blood from his gadfly bites. The cicadas are "sawing pines" which are never finished. . . . When I open my eyes after a deep sleep that lasts a minute, the sandy landscape looks white to me, cold in its heat, spectral.

Están los jarales bajos constelados de sus grandes flores vagas, rosas
de humo, de gasa, de papel de seda, con las cuatro lágrimas de car-
mín; y una calina que asfixia, enyesa los pinos chatos. Un pájaro nunca
visto, amarillo con lunares negros, se eterniza, mudo, en una rama.
Los guardas de los huertos suenan el latón para asustar a los rabúos,
que vienen, en grandes bandos celestes, por naranjas . . . Cuando lle-
gamos a la sombra del nogal grande, rajo dos sandías, que abren su
escarcha grana y rosa en un largo crujido fresco. Yo me como la mía
lentamente, oyendo, a lo lejos, las vísperas del pueblo. Platero se bebe
la carne de azúcar de la suya, como si fuese agua.

LXVI: Fuego en los montes

¡La campana gorda! . . . Tres . . . cuatro toques . . . —¡Fuego!
Hemos dejado la cena, y, encogido el corazón por la negra angos-
tura de la escalerilla de madera, hemos subido, en alborotado silencio
afanoso, a la azotea.
. . . ¡En el campo de Lucena! —grita Anilla, que ya estaba arriba,
escalera abajo, antes de salir nosotros a la noche . . .— ¡Tan, tan, tan,
tan! Al llegar afuera —¡qué respiro!— la campana limpia su duro
golpe sonoro y nos amartilla los oídos y nos aprieta el corazón.
—Es grande, es grande . . . Es un buen fuego . . .
Sí. En el negro horizonte de pinos, la llama distante parece quieta
en su recortada limpidez. Es como un esmalte negro y bermellón, igual
a aquella «Caza» de Piero di Cosimo, en donde el fuego está pintado
sólo con negro, rojo y blanco puros. A veces brilla con mayor brío; otras
lo rojo se hace casi rosa, del color de la luna naciente . . . La noche de
agosto es alta y parada, y se diría que el fuego está ya en ella para siem-
pre, como un elemento eterno . . . Una estrella fugaz corre medio cielo
y se sume en el azul, sobre las Monjas . . . Estoy conmigo . . .
Un rebuzno de Platero, allá abajo, en el corral, me trae a la realidad
. . . Todos han bajado . . . Y en un escalofrío, con que la blandura de
la noche, que ya va a la vendimia, me hiere, siento como si acabara de
pasar junto a mí aquel hombre que yo creía en mi niñez que quemaba
los montes, una especie de Pepe el Pollo —Oscar Wilde,
moguereño—, ya un poco viejo, moreno y con rizos canos, vestida su
afeminada redondez con una chupa negra y un pantalón de grandes
cuadros en blanco y marrón, cuyos bolsillos reventaban de largas ce-
rillas de Gibraltar . . .

The low rockrose bushes are spangled with their big vague flowers, roses of smoke, gauze, and tissue paper, with their four crimson tears; and a stifling haze plasters the stumpy pines. A bird I've never seen, yellow with black dots, lingers silently on a branch.

The vegetable-garden caretakers beat their tin cans to frighten away the pintail ducks which come in large sky-blue flocks to steal oranges. . . . When we reach the shade of the big walnut tree, I cut apart two watermelons, which open their scarlet-and-pink frost with a long, cool creak. I eat mine slowly, listening to the vesper bells in the distant town. Platero drinks the sugary pulp of his as if it were water.

LXVI: Fire in the Mountains

The big bell! . . . Three . . . four peals. . . . Fire!

We abandoned our supper and, our heart tightened by the narrow darkness of the little wooden staircase, we clumbed up to the roof terrace in excited, labored silence.

. . . "In the fields around Lucena!" Anilla, who was already up there, shouts down the stairs before we emerge into the night. . . . Bong, bong, bong, bong! When we get outside—how good the fresh air is!—the bell is clearly sounding its hard, resonant strokes, hammering our ears and oppressing our heart.

"It's a big one, a big one . . . a good fire." . . .

Yes. On the black horizon of pines the distant flame appears calm in its jagged clarity. It resembles a black-and-vermilion enamel, like that *Hunt* by Piero di Cosimo in which the fire is painted solely in unmixed black, red, and white. At moments it shines with greater brilliance; at others, the red becomes almost pink, the color of the rising moon. . . . The August night is deep and still, and you'd think the fire had already installed itself in it forever, like an eternal element. . . . A shooting star flashes halfway across the sky and sinks into the blue over Las Monjas. . . . I'm myself again. . . .

A bray from Platero, down there in the yard, brings me back to reality. Everyone has gone down. . . . And in a chill, with which the softness of the night, already close to grape harvest, strikes me, I feel as if there had just passed right by me that man who I thought, when a child, burned mountains, a sort of Pepe el Pollo—an Oscar Wilde, Moguer style—already a little old, swarthy with curly gray hair, his effeminate rotundity clad in a black vest and trousers with big white and brown checks, the pockets of which were bursting with long matches from Gibraltar. . . .

LXVII: El arroyo

Este arroyo, Platero, seco ahora, por el que vamos a la dehesa de los Caballos, está en mis viejos libros amarillos, unas veces como es, al lado del pozo ciego de su prado, con sus amapolas pasadas de sol y sus damascos caídos; otras, en superposiciones y cambios alegóricos, mudado, en mi sentimiento, a lugares remotos, no existentes o sólo sospechados . . .

Por él, Platero, mi fantasía de niño brilló sonriendo, como un vilano al sol, con el encanto de los primeros hallazgos, cuando supe que él, el arroyo de los Llanos, era el mismo arroyo que parte el camino de San Antonio por su bosquecillo de álamos cantores; que andando por él, seco, en verano, se llegaba aquí; que, echando un barquito de corcho allí, en los álamos, en invierno, venía hasta estos granados, por debajo del puente de las Angustias, refugio mío cuando pasaban toros . . .

¡Qué encanto éste de las imaginaciones de la niñez, Platero, que yo no sé si tú tienes o has tenido! Todo va y viene, en trueques deleitosos; se mira todo y no se ve, más que como estampa momentánea de la fantasía . . . Y anda uno semiciego, mirando tanto adentro como afuera, volcando, a veces, en la sombra del alma la carga de imágenes de la vida, o abriendo al sol, como una flor cierta y poniéndola en una orilla verdadera, la poesía, que luego nunca más se encuentra, del alma iluminada.

LXVIII: Domingo

La pregonera vocinglería de la esquila de vuelta, cercana ya, ya distante, resuena en el cielo de la mañana de fiesta como si todo el azul fuera de cristal. Y el campo, un poco enfermo ya, parece que se dora de las notas caídas del alegre revuelo florido.

Todos, hasta el guarda, se han ido al pueblo para ver la procesión. Nos hemos quedado solos Platero y yo. ¡Qué paz! ¡Qué pureza! ¡Qué bienestar! Dejo a Platero en el prado alto, y yo me echo, bajo un pino lleno de pájaros que no se van, a leer. Omar Khayyám. . . .

En el silencio que queda entre dos repiques, el hervidero interno de la mañana de setiembre cobra presencia y sonido. Las avispas orinegras vuelan en torno de la parra cargada de sanos racimos moscateles, y las mariposas, que andan confundidas con las flores, parece que se renuevan, en una metamorfosis de colorines, al revolar. Es la soledad como un gran pensamiento de luz.

LXVII: The Stream

This stream, Platero, now dry, along which we go to the Horse Pasture, is in my old yellow books, at times as it really is, alongside the bricked-up well in its meadow, with its sun-pierced poppies and its decayed damasks; at other times, in allegorical overlappings and changes, having moved, in my thoughts, to remote places, inexistent or merely suspected. . . .

Alongside it, Platero, my childhood imagination shone smilingly, like a hawk in the sun, with the enchantment of first discoveries, when I learned that it, the stream of Los Llanos, was the same stream that divides the San Antonio road with its grove of singing poplars; that, following its dry bed in summer, you got here; that, if you launched a little cork boat there, in the poplars, in winter, it would reach these pomegranate trees, sailing under the bridge at Las Angustias, my haven when bulls were passing by. . . .

How enchanting childhood imaginings are, Platero! I don't know whether you have or have had any. Everything comes and goes, in delightful exchanges; you look at everything without seeing it, except as a momentary image in your fancy. . . . And you go about half-blind, looking inside yourself as much as outside, sometimes turning over in the shade of your soul the load of images of life, or opening to the sunshine, like a true flower, and placing it on a real-life riverbank, that poetry, never again encountered afterward, of the illuminated soul.

LXVIII: Sunday

The annunciatory clamor of the pealing bell, now nearby, now distant, resounds in the holiday morning sky as if all the azure were made of glass. And the countryside, already a little ailing, seems to be gilded with the notes dropping from that merry, flowery commotion.

Everyone, even the caretaker, has gone to town to see the procession. Only Platero and I have stayed behind. What peace! What purity! What comfort! I leave Platero in the high meadow, and I stretch out to read under a pine full of birds that don't fly away. Omar Khayyam. . . .

In the silence between two peals, the inner seething of the September morning acquires presence and resonance. The black-and-gold wasps fly around the grapevine laden with healthy bunches of muscat, and the butterflies, which are confusedly mingled with the flowers, seem to be renewed, in a metamorphosis of bright colors, as they flutter about. The solitude is like a great thought of light.

De vez en cuando, Platero deja de comer, y me mira . . . Yo, de vez en cuando, dejo de leer, y miro a Platero . . .

LXIX: El canto del grillo

Platero y yo conocemos bien, de nuestras correrías nocturnas, el canto del grillo.

El primer canto del grillo, en el crepúsculo, es vacilante, bajo y áspero. Muda de tono, aprende de sí mismo y, poco a poco, va subiendo, va poniéndose en su sitio, como si fuera buscando la armonía del lugar y de la hora. De pronto, ya las estrellas en el cielo verde y trasparente, cobra el canto un dulzor melodioso de cascabel libre.

Las frescas brisas moradas van y vienen; se abren del todo las flores de la noche y vaga por el llano una esencia pura y divina, de confundidos prados azules, celestes y terrestres. Y el canto del grillo se exalta, llena todo el campo, es cual la voz de la sombra. No vacila ya, ni se calla. Como surtiendo de sí propio, cada nota es gemela de la otra, en una hermandad de oscuros cristales.

Pasan, serenas, las horas. No hay guerra en el mundo y duerme bien el labrador, viendo el cielo en el fondo alto de su sueño. Tal vez el amor, entre las enredaderas de una tapia, anda extasiado, los ojos en los ojos. Los habares mandan al pueblo mensajes de fragancia tierna, cual en una libre adolescencia candorosa y desnuda. Y los trigos ondean, verdes de luna, suspirando al viento de las dos, de las tres, de las cuatro . . . El canto del grillo, de tanto sonar, se ha perdido . . .

¡Aquí está! ¡Oh canto del grillo por la madrugada, cuando, corridos de escalofríos, Platero y yo nos vamos a la cama por las sendas blancas de relente! La luna se cae, rojiza y soñolienta. Ya el canto está borracho de luna, embriagado de estrellas, romántico, misterioso, profuso. Es cuando unas grandes nubes luctuosas, bordeadas de un malva azul y triste, sacan el día de la mar, lentamente . . .

LXX: Los toros

¿A que no sabes, Platero, a qué venían esos niños? A ver si yo les dejaba que te llevasen para pedir contigo la llave en los toros de esta tarde. Pero no te apures tú. Ya les he dicho que no lo piensen siquiera . . .

¡Venían locos, Platero! Todo el pueblo está conmovido con la corrida. La banda toca desde el alba, rota ya y desentonada, ante las

Every so often Platero stops eating and looks at me. . . . Every so often I stop reading and look at Platero. . . .

LXIX: The Song of the Cricket

From our nocturnal ramblings Platero and I are very familiar with the song of the cricket.

The cricket's first song, at dusk, is hesitant, low, and rough. It changes tone, it learns from itself, and gradually it rises and finds its proper location, as if it were seeking the harmony of the place and the time. Suddenly, the stars now in the transparent green sky, the song acquires the melodious sweetness of a jingle-bell at liberty.

The cool purple breezes come and go; the night flowers open completely, and over the plain wanders a pure, divine perfume of mingled blue meadows, heavenly and earthly. And the cricket's song becomes excited, it fills the whole countryside, it's like the voice of the darkness. It no longer hesitates nor falls silent. As if gushing from itself, each note is twin to the other, in a brotherhood of dark crystals.

The hours go serenely by. There's no war in the world, and the farmer sleeps soundly, seeing the sky in the high background of his dream. At times lovers pass rapturously along the clinging vines of an adobe wall, eye to eye. The beanfields send the town messages of tender fragrance as if they were untrammeled, candid, nude adolescents. And the wheat waves, green with moonlight, sighing in the two-, three-, four-o'clock breeze. . . . The cricket's song has gotten lost in all that sound. . . .

There it is! Oh, the cricket's song at dawn, when, chills running up and down us, Platero and I head for bed over the paths white with dew! The moon sets, reddish and sleepy. By now the song is drunk on moonlight, romantic, mysterious, profuse. That is when a few large mournful clouds, edged with a sad blue mauve, draw the daylight out of the sea, slowly. . . .

LXX: The Bullfight

I'll wager you don't know, Platero, what those boys have come for. To see whether I'd let them borrow you so they can go with you to ask for the key at this afternoon's bullfight. But don't be alarmed. I've already told them to put it out of their mind altogether. . . .

They were like crazy, Platero! The whole town is excited over the corrida. The band has been playing since dawn in front of the taverns (by now they're cracked

tabernas; van y vienen coches y caballos calle Nueva arriba, calle Nueva abajo. Ahí detrás, en la calleja, están preparando el Canario, ese coche amarillo que les gusta tanto a los niños, para la cuadrilla. Los patios se quedan sin flores, para las presidentas. Da pena ver a los muchachos andando torpemente por las calles con sus sombreros anchos, sus blusas, su puro, oliendo a cuadra y a aguardiente . . .

A eso de las dos, Platero, en ese instante de soledad con sol, en ese hueco claro del día, mientras diestros y presidentas se están vistiendo, tú y yo saldremos por la puerta falsa y nos iremos por la calleja al campo, como el año pasado . . .

¡Qué hermoso el campo en estos días de fiesta en que todos lo abandonan! Apenas si en un majuelo, en una huerta, un viejecito se inclina sobre la cepa agria, sobre el regato puro . . . A lo lejos sube sobre el pueblo, como una corona chocarrera, el redondo vocerío, las palmas, la música de la plaza de toros, que se pierden a medida que uno se va, sereno, hacia la mar . . . Y el alma, Platero, se siente reina verdadera de lo que posee por virtud de su sentimiento, del cuerpo grande y sano de la naturaleza que, respetado, da a quien lo merece el espectáculo sumiso de su hermosura resplandeciente y eterna.

LXXI: Tormenta

Miedo. Aliento contenido. Sudor frío. El terrible cielo bajo ahoga el amanecer. (No hay por dónde escapar.) Silencio . . . El amor se para. Tiembla la culpa. El remordimiento cierra los ojos. Más silencio . . .

El trueno, sordo, retumbante, interminable, como un bostezo que no acaba del todo, como una enorme carga de piedra que cayera del cenit al pueblo, recorre, largamente, la mañana desierta. (No hay por dónde huir.) Todo lo débil —flores, pájaros— desaparece de la vida.

Tímido, el espanto mira, por la ventana entreabierta, a Dios, que se alumbra trágicamente. Allá en oriente, entre desgarrones de nubes, se ven malvas y rosas tristes, sucios, fríos, que no pueden vencer la negrura. El coche de las seis, que parecen las cuatro, se siente por la esquina, en un diluvio, cantando el cochero por espantar el miedo. Luego, un carro de la vendimia, vacío, de prisa . . .

¡Angelus! Un Angelus duro y abandonado, solloza entre el tronido. ¿El último Angelus del mundo? Y se quiere que la campana acabe pronto, o que suene más, mucho más, que ahogue la tormenta. Y se va de un lado a otro, y se llora, y no se sabe lo que se quiere . . .

and out of tune), coaches and horses have been coming up Calle Nueva and going down Calle Nueva. Back there, in the lane, they're preparing the Canary, that yellow coach the children like so much, for the bullfighter's team. The patios are left without flowers, which have been removed to give to the presiding ladies. It's painful to see the young men walking idly down the street with their broad hats, tunics, and cigars, smelling of stables and brandy. . . .

Around two, Platero, at that hour of sunny solitude, in that bright interval of the day, while the matadors and the lady sponsors are getting dressed, you and I will leave by the back door and go down the lane into the countryside, like last year. . . .

How beautiful the countryside is on these holidays when everyone abandons it! At most, in a young vineyard, in an orchard, some old man may be leaning against an unripe vine, above the pure stream. . . . In the distance there rises over the town, like a vulgar crown, the naïve shouting, the clapping, and the music of the bullring, which die away the further you proceed serenely in the direction of the sea. . . . And one's soul, Platero, feels like the true queen of what it possesses by virtue of its feelings, of the large healthy body of nature, which, when respected, gives the man who deserves it the submissive spectacle of its resplendent, eternal beauty.

LXXI: A Storm

Fear. Breath held in. Cold sweat. The terrible low sky smothers the dawn. (There's no avenue of escape.) Silence. . . . Love halts. Guilt trembles. Remorse shuts one's eyes. More silence. . . .

The thunder, muffled, echoing, interminable, like a yawn that never fully ends, like an enormous load of stones falling from the zenith onto the town, roams far and wide through the deserted morning. (There's nowhere to flee to.) Everything weak—flowers, birds—disappears from life.

Timidly, fear looks out the half-open window at God, who is tragically illuminated. There in the east, amid shreds of clouds, can be seen sad, dirty, cold mauves and pinks which cannot overcome the blackness. The six-o'clock coach, though it seems like only four, is heard at the corner, in a downpour, the coachman singing to scare away his fear. Then, a wagon from the grape harvest, empty, moving hastily. . . .

The Angelus! A hard, abandoned Angelus, sobbing amid the thunder. The world's last Angelus? And you'd like the bell to finish quickly, or ring some more, much more, to drown out the storm. And you go from one side to another, weeping, not knowing what you want. . . .

(No hay por dónde escapar.) Los corazones están yertos. Los niños llaman desde todas partes . . .

—¿Qué será de Platero, tan solo en la indefensa cuadra del corral?

LXXII: Vendimia

Este año, Platero, ¡qué pocos burros han venido con uva! Es en balde que los carteles digan con grandes letras: A SEIS REALES. ¿Dónde están aquellos burros de Lucena, de Almonte, de Palos, cargados de oro líquido, prieto, chorreante, como tú, conmigo, de sangre; aquellas recuas que esperaban horas y horas mientras se desocupaban los lagares? Corría el mosto por las calles, y las mujeres y los niños llenaban cántaros, orzas, tinajas . . .

¡Qué alegres en aquel tiempo las bodegas, Platero, la bodega del Diezmo! Bajo el gran nogal que cayó el tejado, los bodegueros lavaban, cantando, las botas con un fresco, sonoro y pesado cadeneo; pasaban los trasegadores, desnuda la pierna, con las jarras de mosto o de sangre de toro, vivas y espumeantes; y allá en el fondo, bajo el alpende, los toneleros daban redondos golpes huecos, metidos en la limpia viruta olorosa . . . Yo entraba en Almirante por una puerta y salía por la otra —las dos alegres puertas correspondidas, cada una de las cuales le daba a la otra su estampa de vida y de luz—, entre el cariño de los bodegueros . . .

Veinte lagares pisaban día y noche. ¡Qué locura, qué vértigo, qué ardoroso optimismo! Este año, Platero, todos están con las ventanas tabicadas y basta y sobra con el del corral y con dos o tres lagareros.

Y ahora, Platero, hay que hacer algo, que siempre no vas a estar de holgazán.

. . . Los otros burros han estado mirando, cargados, a Platero, libre y vago; y para que no lo quieran mal ni piensen mal de él, me llego con él a la era vecina, lo cargo de uva y lo paso al lagar, bien despacio, por entre ellos . . . Luego me lo llevo de allí disimuladamente . . .

LXXIII: Nocturno

Del pueblo en fiesta, rojamente iluminado hacia el cielo, vienen agrios valses nostálgicos en el viento suave. La torre se ve, cerrada, lívida, muda y dura, en un errante limbo violeta, azulado, pajizo . . . Y allá,

(There's no avenue of escape.) All hearts are rigid. Children call from every direction. . . .

How must Platero be, so alone in the unprotected stable in the yard?

LXXII: Grape Harvest

Platero, how few donkeys have come with grapes this year! The signs read in vain in big letters: "One and a half pesetas." Where are those donkeys from Lucena, Almonte, and Palos, loaded with firm liquid gold gushing with blood, as you are coming with me? Those droves which used to wait for hours until the wine presses were free? The grape juice would flow down the streets, and the women and children would fill pitchers, jars, vats. . . .

How cheerful the wineries were in those days, Platero, like the Tithe Winery! Under the big walnut tree that made the roof fall, the workmen would sing as they cleaned out the barrels with fresh, ringing, heavy chains; the drawers-off of dregs would go by barelegged with their jars of must or thick, dark-red wine, lively and foaming; and there at the back, under the shed, the coopers gave hearty, echoing blows, standing in the clean, fragrant shavings. . . . I would go in on Almirante by one door and ride out the other—the two cheerful matching doors, each of which gave the other its imprint of life and light—amid the affection of the workmen. . . .

Twenty wine presses were operating day and night. What madness, what dizziness, what ardent optimism! This year, Platero, they all have their windows boarded up, and the one in the yard, with two or three workmen, is enough and more than enough.

And now, Platero, you've got to do something; you can't always stand around idle.

. . . The other donkeys, loaded down, have been looking at Platero, who was roaming freely; so that they won't dislike him or think badly of him, I arrive with him at the nearby threshing floor, I load him with grapes, and I lead him to the wine press, very slowly, in their midst. . . . Then I take him away from there surreptitiously. . . .

LXXIII: Nocturne

From the festive town, lit up redly to the very sky, sour nostalgic waltzes arrive on the gentle breeze. The tower can be seen, shut, livid, mute, and hard, in a wandering violet, bluish, straw-colored limbo. . . . And yonder, behind the

tras las bodegas oscuras del arrabal, la luna caída, amarilla y
soñolienta, se pone, solitaria, sobre el río.

El campo está solo con sus árboles y con la sombra de sus árboles.
Hay un canto roto de grillo, una conversación sonámbula de aguas
ocultas, una blandura húmeda, como si se deshiciesen las estrellas . . .
Platero, desde la tibieza de su cuadra, rebuzna tristemente.

La cabra andará despierta, y su campanilla insiste agitada, dulce
luego. Al fin, se calla . . . A lo lejos, hacia Montemayor, rebuzna otro
asno . . . Otro, luego, por el Vallejuelo . . . Ladra un perro . . .

Es la noche tan clara, que las flores del jardín se ven de su color,
como en el día. Por la última casa de la calle de la Fuente, bajo una
roja y vacilante farola, tuerce la esquina un hombre solitario . . . ¿yo?
No, yo, en la fragante penumbra celeste, móvil y dorada, que hacen
la luna, las lilas, la brisa y la sombra, escucho mi hondo corazón sin
par . . .

La esfera gira, sudorosa y blanda . . .

LXXIV: Sarito

Para la vendimia, estando yo una tarde grana en la viña del arroyo, las
mujeres me dijeron que un negrito preguntaba por mí.

Iba yo hacia la era, cuando él venia ya vereda abajo:

—¡Sarito!

Era Sarito, el criado de Rosalina, mi novia portorriqueña. Se había
escapado de Sevilla para torear por los pueblos, y venía de Niebla, an-
dando, el capote, dos veces colorado, al hombro, con hambre y sin
dinero.

Los vendimiadores lo acechaban de reojo, en un mal disimulado
desprecio; las mujeres, más por los hombres que por ellas, lo evitaban.
Antes, al pasar por el lagar, se había peleado ya con un muchacho que
le había partido una oreja de un mordisco.

Yo le sonreía y le hablaba afable. Sarito, no atreviéndose a acari-
ciarme a mí mismo, acariciaba a Platero, que andaba por allí co-
miendo uva; y me miraba, en tanto, noblemente . . .

LXXV: Última siesta

¡Qué triste belleza, amarilla y descolorida, la del sol de la tarde,
cuando me despierto bajo la higuera!

dark suburban wineries, the fading moon, yellow and drowsy, takes a lonely stand over the river.

The countryside is alone with its trees and the shadow of its trees. There's a cracked cricket song, a sleepwalker's conversation between unseen bodies of water, a moist softness, as if the stars were going to pieces. . . . From the warmth of his stable Platero brays sadly.

The goat must be awake, and her little bell rings persistently, at first wildly, then softly. Finally it falls silent. . . . In the distance, toward Montemayor, another donkey brays. . . . Then another one, down Vallejuelo way. . . . A dog barks. . . .

The night is so clear that the colors of the garden flowers can be seen, as in daylight. By the farthest house on the Calle de la Fuente, under a wavering red streetlamp, a solitary man turns the corner . . . I? No, I, in the fragrant sky-blue half-light, changing and gilded, created by the moon, the lilacs, the breeze, and the shadow, listen to my deep, matchless heart. . . .

The globe turns, sweaty and soft. . . .

LXXIV: Sarito

At grape-harvest time, while I was in the vineyard by the stream one scarlet afternoon, the women told me that a young black man was asking to see me.

I was heading for the threshing floor as he was already descending the path:

"Sarito!"

It was Sarito, the servant of Rosalina, my Puerto Rican sweetheart. He had run away from Seville to fight bulls in the small towns, and he was coming from Niebla on foot, his doubly red cape over his shoulder, hungry and penniless.

The harvesters were casting sidelong glances at him, with poorly disguised contempt; the women, more on the men's account than their own, were avoiding him. Earlier, when passing by the wine press, he had already fought with a young man who had split his ear with a bite.

I smiled at him and spoke to him affably. Not daring to caress me myself, Sarito was caressing Platero, who was walking around there eating grapes; and meanwhile he was looking at me, nobly. . . .

LXXV: Last Siesta

What sad beauty, yellow and washed-out, is that of the afternoon sun when I wake up under the fig tree!

Una brisa seca, embalsamada de derretida jara, me acaricia el sudoroso despertar. Las grandes hojas, levemente movidas, del blando árbol viejo, me enlutan o me deslumbran. Parece que me mecieran suavemente en una cuna que fuese del sol a la sombra, de la sombra al sol.

Lejos, en el pueblo desierto, las campanas de las tres suenan las vísperas, tras el oleaje de cristal del aire. Oyéndolas, Platero, que me ha robado una gran sandía de dulce escarcha grana, de pie, inmóvil, me mira con sus enormes ojos vacilantes, en los que le anda una pegajosa mosca verde.

Frente a sus ojos cansados, mis ojos se me cansan otra vez . . . Torna la brisa, cual una mariposa que quisiera volar y a la que, de pronto, se le doblaron las alas . . . las alas . . . mis párpados flojos, que, de pronto, se cerraran . . .

LXXVI: Los fuegos

Para septiembre, en las noches de velada, nos poníamos en el cabezo que hay detrás de la casa del huerto, a sentir el pueblo en fiesta desde aquella paz fragante que emanaban los nardos de la alberca. Pioza, el viejo guarda de viñas, borracho en el suelo de la era, tocaba cara a la luna, hora tras hora, su caracol.

Ya tarde, quemaban los fuegos. Primero eran sordos estampidos enanos; luego, cohetes sin cola, que se abrían arriba, en un suspiro, cual un ojo estrellado que viese, un instante, rojo, morado, azul, el campo; y otros cuyo esplendor caía como una doncellez desnuda que se doblara de espaldas, como un sauce de sangre que gotease flores de luz. ¡Oh, qué pavos reales encendidos, qué macizos aéreos de claras rosas, qué faisanes de fuego por jardines de estrellas!

Platero, cada vez que sonaba un estallido, se estremecía, azul, morado, rojo en el súbito iluminarse del espacio; y en la claridad vacilante, que agrandaba y encogía su sombra sobre el cabezo, yo veía sus grandes ojos negros que me miraban asustados.

Cuando, como remate, entre el lejano vocerío del pueblo, subía al cielo constelado la áurea corona giradora del castillo, poseedora del trueno gordo, que hace cerrar los ojos y taparse los oídos a las mujeres, Platero huía entre las cepas, como alma que lleva el diablo, rebuznando enloquecido hacia los tranquilos pinos en sombra.

A dry breeze, perfumed with melted rockrose, caresses my sweaty awakening. The lightly stirring big leaves of the gentle old tree now dress me in black, now dazzle me. They seem to be rocking me softly in a cradle moving from sun to shade, from shade to sun.

Far off, in the deserted town, the three-o'clock bells ring for vespers, behind the crystal sea-surge of the air. Hearing them, Platero, who has robbed me of a large watermelon with sweet, scarlet frosty pulp, stands motionless and looks at me with his enormous hesitant eyes, in which a sticky green fly is moving about.

Facing his weary eyes, my own grow weary again. . . . The breeze returns, like a butterfly trying to fly, but whose wings suddenly fold . . . its wings . . . my flaccid eyelids which had suddenly closed. . . .

LXXVI: The Fireworks

In September, on holiday eves, we'd climb to the summit located behind the truck-garden house, listening to the holidaymakers in town from that fragrant peace emitted by the amaryllis at the small reservoir. Pioza, the old vineyard caretaker, drunk on the threshing-floor ground, blew on his conch for hours on end, facing the moon.

It was already late when the fireworks went off. First there were muffled, dwarf bangs; then, tailless rockets that opened high up, in a sigh, like a shattered eye seeing the countryside red, purple, and blue for an instant; and others, whose splendor fell like a nude maiden bending her back, like a willow of blood dribbling flowers of light. Oh, what blazing peacocks, what airy masses of bright roses, what fiery pheasants in gardens of stars!

Every time a bang was heard, Platero would wince, blue, purple, or red in the sudden illumination of space; and in the wavering brightness, which enlarged and shrunk his shadow on the summit, I saw his big black eyes looking at me in fright.

When, to top it off, amid the distant shouting of the townspeople, there rose to the starry sky the spinning golden crown of the most elaborate piece, the "castle," which possesses the heavy thunder that makes the women shut their eyes and cover their ears, Platero ran away into the grapevines, like a soul carried off by the devil, madly braying at the tranquil pines in the darkness.

LXXVII: El Vergel

Como hemos venido a la Capital, he querido que Platero vea El Vergel . . . Llegamos despacito, verja abajo, en la grata sombra de las acacias y de los plátanos, que están cargados todavía. El paso de Platero resuena en las grandes losas que abrillanta el riego, azules de cielo a trechos y a trechos blancas de flor caída que, con el agua, exhala un vago aroma dulce y fino.

¡Qué frescura y qué olor salen del jardín, que empapa también el agua, por la sucesión de claros de yedra goteante de la verja! Dentro, juegan los niños. Y entre su oleada blanca, pasa, chillón y tintineador, el cochecillo del paseo, con sus banderitas moradas y su toldillo verde; el barco del avellanero, todo engalanado de granate y oro, con las jarcias ensartadas de cacahuetes y su chimenea humeante; la niña de los globos, con su gigantesco racimo volador, azul, verde y rojo; el barquillero, rendido bajo su lata roja . . . En el cielo, por la masa de verdor tocado ya del mal del otoño, donde el ciprés y la palmera perduran, mejor vistos, la luna amarillenta se va encendiendo, entre nubecillas rosas . . .

Ya en la puerta, y cuando voy a entrar en el vergel, me dice el hombre azul que lo guarda con su caña amarilla y su gran reloj de plata:

—Er burro no pué'ntrá, zeñó.

—¿El burro? ¿Qué burro? —le digo yo, mirando más allá de Platero, olvidado, naturalmente, de su forma animal.

—¡Qué burro ha de zé, zeñó; qué burro ha de zéee . . . !

Entonces, ya en la realidad, como Platero «no puede entrar» por ser burro, yo, por ser hombre, no quiero entrar, y me voy de nuevo con él, verja arriba, acariciándole y hablándole de otra cosa . . .

LXXVIII: La luna

Platero acababa de beberse dos cubos de agua con estrellas en el pozo del corral, y volvía a la cuadra, lento y distraído, entre los altos girasoles. Yo le aguardaba en la puerta, echado en el quicio de cal y envuelto en la tibia fragancia de los heliotropos.

Sobre el tejadillo, húmedo de las blanduras de setiembre, dormía el campo lejano, que mandaba un fuerte aliento de pinos. Una gran nube negra, como una gigantesca gallina que hubiese puesto un huevo de oro, puso la luna sobre una colina.

LXXVII: El Vergel

Since we've come to the provincial capital, Huelva, I wanted Platero to see the "Orchard" park. . . . We come slowly, down along the iron fence, in the pleasant shade of the acacias and sycamores, which still have all their foliage. Platero's steps resound on the big flagstones, shiny from their watering, blue with the sky in places and in places white with fallen blossom, which, together with the water, emits a vague fragrance, sweet and subtle.

What coolness and fragrance emanate from the garden, it, too, water-logged, through the succession of openings in the dripping ivy on the fence! Inside, children are playing. And amid their white surge there passes, noisily tinkling, the miniature excursion coach with its little purple flags and its little green canopy; the hazelnut vendor's boat, all decked out in garnet and gold, its rigging strung with peanuts and its funnel smoking; the girl with the balloons, with her gigantic flying cluster, blue, green, and red; the wafer seller, exhausted under his red tin box. . . . In the sky, through the mass of greenery already infected with the disease of autumn, in which the cypress and the palm stay green and are seen more clearly, the yellowish moon is igniting, amid little pink clouds. . . .

Now at the gate, when I'm about to enter the park, the man in blue who guards it with his yellow rattan and his big silver watch:

"The donkey can't come in, sir."

"The donkey? What donkey?" I say, looking past Platero, naturally forgetting his animal shape.

"What donkey do you think I mean, sir? What donkey do you think I mean?"

Then, back in reality, since Platero "can't come in" because he's a donkey, I, because I'm a man, don't want to go in, and I depart again with him, following the fence upward, caressing him and speaking to him on other subjects. . . .

LXXVIII: The Moon

Platero had just drunk two pails of water with stars at the well in the yard, and was returning to the stable, slowly and absentmindedly, amid the tall sunflowers. I was awaiting him at the door, stretched out on the whitewashed frame and wrapped in the warm fragrance of the heliotropes.

Beyond the little roof, moist with September softness, the distant countryside was sleeping and emitting a strong smell of pine. A big black cloud, like a gigantic hen that had laid a golden egg, placed the moon on a hill.

Yo le dije a la luna:

> ... *Ma sola*
> *ha questa luna in ciel, che da nessuno*
> *cader fu vista mai se non in sogno.*

Platero la miraba fijamente y sacudía, con un duro ruido blando, una oreja. Me miraba absorto y sacudía la otra . . .

LXXIX: Alegría

Platero juega con Diana, la bella perra blanca que se parece a la luna creciente, con la vieja cabra gris, con los niños . . .

Salta Diana, ágil y elegante, delante del burro, sonando su leve campanilla, y hace como que le muerde los hocicos. Y Platero, poniendo las orejas en punta, cual dos cuernos de pita, la embiste blandamente y la hace rodar sobre la hierba en flor.

La cabra va al lado de Platero, rozándose a sus patas, tirando con los dientes de la punta de las espadañas de la carga. Con una clavellina o con una margarita en la boca, se pone frente a él, le topa en el testuz, y brinca luego, y bala alegremente, mimosa igual que una mujer . . .

Entre los niños, Platero es de juguete. ¡Con qué paciencia sufre sus locuras! ¡Cómo va despacito, deteniéndose, haciéndose el tonto, para que ellos no se caigan! ¡Cómo los asusta, iniciando, de pronto, un trote falso!

¡Claras tardes del otoño moguereño! Cuando el aire puro de octubre afila los límpidos sonidos, sube del valle un alborozo idílico de balidos, de rebuznos, de risas de niños, de ladreos y de campanillas . . .

LXXX: Pasan los patos

He ido a darle agua a Platero. En la noche serena, toda de nubes vagas y estrellas, se oye, allá arriba, desde el silencio del corral, un incesante pasar de claros silbidos.

Son los patos. Van tierra adentro, huyendo de la tempestad marina. De vez en cuando, como si nosotros hubiéramos ascendido o como si ellos hubiesen bajado, se escuchan los ruidos más leves de sus alas, de sus picos, como cuando, por el campo, se oye clara la palabra de alguno que va lejos . . .

I said to the moon:

> . . . But only
> there is this moon in the sky, which no one
> has ever seen fall except in dreams.[16]

Platero gazed at it steadily and with a rough, soft sound, twitched one ear. He looked at me with concentration and twitched the other one. . . .

LXXIX: Merriment

Platero is playing with Diana, the pretty white dog who resembles the crescent moon, with the old gray goat, with the children. . . .

Agile and elegant, Diana leaps in front of the donkey, ringing her tiny collar-bell, and pretends to bite his muzzle. And Platero, pricking up his ears, like two pointy agave leaves, attacks her gently and makes her roll onto the flowering grass.

The goat goes to Platero's side, rubs herself against his hind legs, and tugs with her teeth at a tip of the bulrushes he's laden with. With a carnation or a daisy in her mouth, she confronts him head on, butts him in his big head, and then cuts capers, bleating merrily, affectionate as a woman. . . .

Among the children, Platero serves as a toy. With what patience he endures their pranks! How slowly he goes, making stops, playing the fool, so they won't fall off! How he scares them, suddenly breaking into a simulated trot!

Bright afternoons of the Moguer autumn! When the pure October air sharpens the clear sounds, there ascends from the valley an idyllic rejoicing of bleats, brays, children's laughter, barks, and little bells. . . .

LXXX: The Ducks Go By

I've gone to give Platero water. In the serene night, all drifting clouds and stars, can be heard up there, from the silence of the yard, an unceasing passage of bright whistles.

It's the ducks. They're flying inland, fleeing the storm at sea. Every so often, as if we had ascended or they had descended, we can hear the slightest sounds made by their wings and beaks, just as when, in the countryside, you can hear distinctly the words of someone passing in the distance. . . .

---

16. From a poem by the eminent Italian writer Giacomo Leopardi (1798–1837).

Platero, de vez en cuando, deja de beber y levanta la cabeza como yo, como las mujeres de Millet, a las estrellas, con una blanda nostalgia infinita . . .

LXXXI: La niña chica

La niña chica era la gloria de Platero. En cuanto la veía venir hacia él, entre las lilas, con su vestidillo blanco y su sombrero de arroz, llamándolo dengosa: —¡Platero, Plateriiillo!—, el asnucho quería partir la cuerda, y saltaba igual que un niño, y rebuznaba loco.

Ella, en una confianza ciega, pasaba una vez y otra bajo él, y le pegaba pataditas, y le dejaba la mano, nardo cándido, en aquella bocaza rosa, almenada de grandes dientes amarillos; o, cogiéndole las orejas, que él ponía a su alcance, lo llamaba con todas las variaciones mimosas de su nombre: —¡Platero! ¡Platerón! ¡Platerillo! ¡Platerete! ¡Platerucho!

En los largos días en que la niña navegó en su cuna alba, río abajo, hacia la muerte, nadie se acordaba de Platero. Ella, en su delirio, lo llamaba triste: ¡Plateriiillo! . . . Desde la casa oscura y llena de suspiros, se oía, a veces, la lejana llamada lastimera del amigo. ¡Oh estío melancólico!

¡Qué lujo puso Dios en ti, tarde del entierro! Setiembre, rosa y oro, como ahora, declinaba. Desde el cementerio ¡cómo resonaba la campana de vuelta en el ocaso abierto, camino de la gloria! . . . Volví por las tapias, solo y mustio, entré en la casa por la puerta del corral y, huyendo de los hombres, me fui a la cuadra y me senté a pensar, con Platero.

LXXXII: El pastor

En la colina, que la hora morada va tornando oscura y medrosa, el pastorcillo, negro contra el verde ocaso de cristal, silba en su pito, bajo el temblor de Venus. Enredadas en las flores, que huelen más y ya no se ven, cuyo aroma las exalta hasta darles forma en la sombra en que están perdidas, tintinean, paradas, las esquilas claras y dulces del rebaño, disperso un momento, antes de entrar al pueblo, en el paraje conocido.

—Zeñorito, zi eze gurro juera mío . . .

El chiquillo, más moreno y más idílico en la hora dudosa, recogiendo en los ojos rápidos cualquier brillantez del instante, parece

Every so often Platero stops drinking and raises his head, like me, like the women in Millet's paintings, to the stars, with a soft, infinite yearning. . . .

LXXXI: The Little Girl

The little girl was Platero's darling. As soon as he'd see her coming his way, amid the lilacs, with her little white dress and her rice-straw hat, calling affectedly "Platero! Platerillo!," the little donkey would try to sever his rope; he'd hop like a child and bray madly.

She, with blind trust, would walk under him time and again, she'd give him little kicks, and she'd leave her hand, a white amaryllis, in that big pink mouth, crenellated with big yellow teeth; or else, seizing his ears, which he allowed her to reach, she'd call him with every wheedling variation on his name: "Platero! Platerón! Platerillo! Platerete! Platerucho!"

In the long days when the girl sailed away in her white cradle downstream to death, no one remembered Platero. In her delirium she'd call him sadly: "Platerillo!" From the dark, sigh-filled house could be heard at times the pathetic distant summons to her friend. Oh, melancholy summer!

What luxury God lent you, afternoon of her burial! September, pink and gold, like now, was waning. From the cemetery how the tolling bell resounded in the open sunset, on the road to glory! . . . I came back along the adobe walls, alone and gloomy, I entered the house through the door to the yard, and, shunning mankind, I went to the stable and sat down to think, along with Platero.

LXXXII: The Shepherd

On the hill, which the purple hour is turning dark and fearsome, the little shepherd boy, black against the green crystal sunset, is playing his pipe, beneath the twinkling of Venus. Tangled in the flowers, which smell stronger but are no longer seen, their fragrance heightening them to the point of lending them a shape in the darkness in which they're buried, is the tinkling of the bright, sweet bells, stationary, of the flock, scattered for a moment, before entering town, in the familiar locale.

"Young master, if that donkey were mine . . ."

The little boy, swarthier and more idyllic at that in-between hour, gather-

uno de aquellos mendiguillos que pintó Bartolomé Esteban, el buen sevillano.

Yo le daría el burro . . . Pero ¿qué iba yo a hacer sin ti, Platero?

La luna, que sube, redonda, sobre la ermita de Montemayor, se ha ido derramando suavemente por el prado, donde aún yerran vagas claridades del día; y el suelo florido parece ahora de ensueño, no sé qué encaje primitivo y bello; y las rocas son más grandes, más inminentes y más tristes; y llora más el agua del regato invisible . . .

Y el pastorcillo grita, codicioso, ya lejos:

—¡Ayn! Zi eze gurro juera míooo . . .

LXXXIII: El canario se muere

Mira, Platero; el canario de los niños ha amanecido hoy muerto en su jaula de plata. Es verdad que el pobre estaba ya muy viejo . . . El invierno último, tú te acuerdas bien, lo pasó silencioso, con la cabeza escondida en el plumón. Y al entrar esta primavera, cuando el sol hacía jardín la estancia abierta y abrían las mejores rosas del patio, él quiso también engalanar la vida nueva, y cantó; pero su voz era quebradiza y asmática, como la voz de una flauta cascada.

El major de los niños, que lo cuidaba, viéndolo yerto en el fondo de la jaula, se ha apresurado, lloroso, a decir:

—¡Puej no l'a faltao ná; ni comida, ni agua!

No. No le ha faltado nada, Platero. Se ha muerto porque sí —diría Campoamor, otro canario viejo . . .

Platero, ¿habrá un paraíso de los pájaros? ¿Habrá un vergel verde sobre el cielo azul, todo en flor de rosales áureos, con almas de pájaros blancos, rosas, celestes, amarillos?

Oye; a la noche, los niños, tú y yo bajaremos el pájaro muerto al jardín. La luna está ahora llena, y a su pálida plata, el pobre cantor, en la mano cándida de Blanca, parecerá el pétalo mustio de un lirio amarillento. Y lo enterraremos en la tierra del rosal grande.

A la primavera, Platero, hemos de ver al pájaro salir del corazón de una rosa blanca. El aire fragante se pondrá canoro, y habrá por el sol de abril un errar encantado de alas invisibles y un reguero secreto de trinos claros de oro puro.

ing in his quick eyes some of the brilliance of the moment, resembles one of those little beggars painted by Bartolomé Esteban,[17] the good Sevillian. I'd give him the donkey . . . but what would I do without you, Platero?

The round moon, rising above the Montemayor hermitage, has been softly spreading its light over the meadow, where vague patches of bright daylight still stray; and the flowery ground then seems like a dreamscape, some sort of beautiful primitive lacework; and the boulders are larger, more impending, and sadder; and the water in the invisible stream weeps more loudly. . . .

And the shepherd boy shouts greedily, already in the distance:

"Oh, my! If that donkey were mine!". . .

LXXXIII: The Canary Dies

Look, Platero; the children's canary was found dead this morning in his silver cage. True, the poor thing was very old. . . . Last winter, as you well remember, he spent in silence, his head hidden in his plumage. And when this spring began, when the sun made a garden of the open room and the best roses in the patio were opening, he, too, wanted to adorn the renewed life, and he sang; but his voice was cracked and asthmatic, like the voice of a broken flute.

The oldest child, who tended to him, seeing him stiff on the floor of the cage, hastened to declare, in a tearful voice:

"But he had everything he needed, food, water!"

No. He didn't lack for anything, Platero. He died "just because," as Campoamor[18] would say, that other old canary. . . .

Platero, do you think there's a heaven for birds? Is there a green orchard above the blue sky, all blossoming with golden rose bushes, with souls of white, pink, sky-blue, yellow birds?

Listen; tonight the children, you, and I will take the dead bird down to the garden. There's a full moon now, and in its pale silver, the poor songster, in Blanca's[19] white hand, will resemble the withered petal of a yellowish iris. And we shall bury him in the soil of the big rosebush.

In the spring, Platero, we'll see the bird emerge from the heart of a white rose. The fragrant air will become full of song, and in the April sun there will be an enchanted straying of invisible wings and a secret liquid trail of clear trills of pure gold.

---

17. B. E. Murillo. 18. The popular Spanish poet Ramón de Campoamor (1817–1901). 19. A niece of Jiménez.

LXXXIV: La colina

¿No me has visto nunca, Platero, echado en la colina romántico y
clásico a un tiempo?

. . . Pasan los toros, los perros, los cuervos, y no me muevo, ni
siquiera miro. Llega la noche y sólo me voy cuando la sombra me
quita. No sé cuándo me vi allí por vez primera y aún dudo si estuve
nunca. Ya sabes qué colina digo; la colina roja aquella que se levanta,
como un torso de hombre y de mujer, sobre la viña vieja de Cobano.

En ella he leído cuanto he leído y he pensado todos mis pen-
samientos. En todos los museos vi este cuadro mío, pintado por mí
mismo: yo, de negro, echado en la arena, de espaldas a mí, digo a ti, o
a quien mirara, con mi idea libre entre mis ojos y el poniente.

Me llaman, a ver si voy ya a comer o a dormir, desde la casa de la
Piña. Creo que voy, pero no sé si me quedo allí. Y yo estoy cierto,
Platero, de que ahora no estoy aquí, contigo, ni nunca en donde esté,
ni en la tumba, ya muerto; sino en la colina roja, clásica a un tiempo y
romántica, mirando, con un libro en la mano, ponerse el sol sobre el
río . . .

LXXXV: El otoño

Ya el sol, Platero, empieza a sentir pereza de salir de sus sábanas, y los
labradores madrugan más que él. Es verdad que está desnudo y que
hace fresco.

¡Cómo sopla el norte! Mira, por el suelo, las ramitas caídas; es el viento
tan agudo, tan derecho, que están todas paralelas, apuntadas al sur.

El arado va, como una tosca arma de guerra, a la labor alegre de la
paz, Platero; y en la ancha senda húmeda, los árboles amarillos, se-
guros de verdecer, alumbran, a un lado y otro, vivamente, como
suaves hogueras de oro claro, nuestro rápido caminar.

LXXXVI: El perro atado

La entrada del otoño es para mí, Platero, un perro atado, ladrando limpia
y largamente, en la soledad de un corral, de un patio o de un jardín, que
comienzan con la tarde a ponerse fríos y tristes . . . Dondequiera que
estoy, Platero, oigo siempre, en estos días que van siendo cada vez más
amarillos, ese perro atado, que ladra al sol de ocaso . . .

LXXXIV: The Hill

Have you never seen me, Platero, lying on the hill, a Romantic and a Classic at the same time?

. . . The bulls, the dogs, the crows pass by, but I don't move or even look at them. Night comes, but I leave only when my shadow abandons me. I don't know when I first found myself there, and I even doubt whether I was ever there. You know which hill I mean: that red hill which looms, like a man's and a woman's torso, above Cobano's old vineyard.

It was there that I read everything I've read, and thought all my thoughts. In every museum I saw this picture of me, which I myself painted: I, in black, lying in the sand, with my back to me, I mean to you, or to whoever is looking, with my free ideas between my eyes and the sunset.

They're calling me from the Piña country house to see whether I'm coming to eat or sleep. I think I'll go, but I don't know whether I'll stay there. And I'm certain, Platero, that right now I'm not here with you, or wherever I may be at any time, not even dead in the grave; but on the red hill, which is Romantic and Classic at the same time, a book in my hand, watching the sun set over the river. . . .

LXXXV: Autumn

Platero, the sun is already starting to feel too lazy to get out of its sheets, and the farmers are up earlier than he is. True, he's naked and it's chilly out.

How the north wind is blowing! Look at the fallen twigs on the ground; the wind is so keen, so straight, that they're all parallel, pointing south.

The plow, like a crude weapon of war, is heading for the cheerful labor of peace, Platero; and on the broad, moist path the yellow trees, sure that they'll be green again, brightly light our rapid journey on both sides, like soft bonfires of clear gold.

LXXXVI: The Tied-up Dog

Platero, for me the beginning of autumn is a tied-up dog, barking long and clearly, in the solitude of a yard, patio, or garden, which are starting to turn cold and sad at evening. . . . Wherever I am, Platero, in these days which are turning yellower all the time, I always hear that tied-up dog barking at the setting sun. . . .

Su ladrido me trae, como nada, le elegía. Son los instantes en que la vida anda toda en el oro que se va, como el corazón de un avaro en la última onza de su tesoro que se arruina. Y el oro existe apenas, recogido en el alma avaramente y puesto por ella en todas partes, como los niños cogen el sol con un pedacito de espejo y lo llevan a las paredes en sombra, uniendo en una sola las imágenes de la mariposa y de la hoja seca . . .

Los gorriones, los mirlos, van subiendo de rama en rama en el naranjo o en la acacia, más altos cada vez con el sol. El sol se torna rosa, malva . . . La belleza hace eterno el momento fugaz y sin latido, como muerto para siempre aún vivo. Y el perro le ladra, agudo y ardiente, sintiéndola tal vez morir, a la belleza . . .

LXXXVII: La tortuga griega

Nos la encontramos mi hermano y yo volviendo, un mediodía, del colegio por la callejilla. Era en agosto —¡aquel cielo azul Prusia, negro casi, Platero!— y pra que no pasáramos tanto calor, nos traían por allí, que era más cerca . . . Entre la yerba de la pared del granero, casi como tierra, un poco protegida por la sombra del Canario, el viejo familiar amarillo que en aquel rincón se pudría, estaba, indefensa. La cogimos, asustados, con la ayuda de la mandadera y entramos en casa anhelantes, gritando: ¡Una tortuga, una tortuga! Luego la regamos, porque estaba muy sucia, y salieron, como de una calcomanía, unos dibujos en oro y negro . . .

Don Joaquín de la Oliva, el Pájaro Verde y otros que oyeron a éstos, nos dijeron que era una tortuga griega. Luego, cuando en los Jesuitas estudié yo Historia Natural, la encontré pintada en el libro, igual a ella en un todo, con ese nombre; y la vi embalsamada en la vitrina grande, con un cartelito que rezaba ese nombre también. Así, no cabe duda, Platero, de que es una tortuga griega.

Ahí está, desde entonces. De niños, hicimos con ella algunas perrerías; la columpiábamos en el trapecio; le echábamos a Lord; la teníamos días enteros boca arriba . . . Una vez, el Sordito le dio un tiro para que viéramos lo dura que era. Rebotaron los plomos y uno fue a matar a un pobre palomo blanco, que estaba bebiendo bajo el peral.

Pasan meses y meses sin que se la vea. Un día, de pronto, aparece en el carbón, fija, como muerta. Otro en el caño . . . A veces, un nido de huevos hueros son señal de su estancia en algún sitio; come con las gallinas, con los palomos, con los gorriones, y lo que más le gusta es el

Its barking inspires me, like nothing else, with elegy. These are the instants in which life is entirely contained in the departing gold, just as a miser's heart is attached to the last gold coin in his dwindling hoard. And the gold scarcely exists, gathered greedily in the soul and placed by it everywhere, just as children catch the sun with a bit of mirror and flash it onto the dark walls, uniting in one the images of the butterfly and the dry leaf. . . .

The sparrows and blackbirds ascend from branch to branch of the orange tree or the acacia, higher all the time, following the sun. The sun turns pink, mauve. . . . Beauty makes eternal this fleeting moment without heartbeat, as if everlastingly dead while still alive. And the dog barks at that beauty, keenly and ardently, perhaps feeling it die away. . . .

LXXXVII: The Greek Tortoise

My brother and I found it as we were coming home from school one noon down the little lane. It was in August—that Prussian blue, nearly black, sky, Platero!—and so that we wouldn't suffer from so much heat, we were led that way, which was closer. . . . It lay there, defenseless, in the grass by the barn wall, resembling earth, slightly protected by the shadow of the "canary," that old yellow, friendly tree that was rotting away in that corner. We picked it up, feeling scared, with the aid of the part-time maid, and we entered the house panting and yelling: "A tortoise, a tortoise!" Then we ran water over it, because it was very dirty, and, as if from a decal, gold-and-black patterns came into view. . . .

Don Joaquín de la Oliva, the Green Bird, and others who heard about it from them, told us it was a Greek tortoise. Later, when I studied natural history at the Jesuit school, I found a picture of it in a book, exactly like the one we found, identified by that name; and I saw one preserved in the big showcase with a little label giving the same name. And so there's no doubt, Platero, that it's a Greek tortoise.

Here it's been, ever since. When we were children, we played some rotten tricks on it; we'd swing it on the trapeze; we'd toss it to Lord; we'd keep it on its back for days at a time. . . . Once El Sordito took a shot at it so we could see how hard it was. The pellets ricocheted and one killed a poor white dove that was drinking under the pear tree.

Months and months go by when I don't see it. Suddenly one day it shows up in the coal, rigid, as if dead. Another day, in the water pipe. . . . Sometimes a nest of empty eggs is a clue to its sojourn in some place; it eats with the hens, with the doves, with the sparrows, and its favorite food is tomato.

tomate. A veces, en primavera, se enseñorea del corral, y parece que
ha echado de su seca vejez eterna y sola, una rama nueva; que se ha
dado a luz a sí misma para otro siglo . . .

LXXXVIII: Tarde de octubre

Han pasado las vacaciones y, con las primeras hojas amarillas, los
niños han vuelto al colegio. Soledad. El sol de la casa, también con
hojas caídas, parece vacío. En la ilusión suenan gritos lejanos y remo-
tas risas . . .

Sobre los rosales, aún con flor, cae la tarde, lentamente. Las lum-
bres del ocaso prenden las últimas rosas, y el jardín, alzando como una
llama de fragancia hacia el incendio del poniente, huele todo a rosas
quemadas. Silencio.

Platero, aburrido como yo, no sabe qué hacer. Poco a poco se viene
a mí, duda un punto, y, al fin, confiado, pisando seco y duro en los
ladrillos, se entra conmigo por la casa . . .

LXXXIX: Antonia

El arroyo traía tanta agua, que los lirios amarillos, firme gala de oro de
sus márgenes en el estío, se ahogaban en aislada dispersión, donando
a la corriente fugitiva, pétalo a pétalo, su belleza . . .

¿Por dónde iba a pasarlo Antoñilla con aquel traje dominguero? Las
piedras que pusimos se hundieron en el fango. La muchacha siguió,
orilla arriba, hasta el vallado de los chopos, a ver si por allí podía . . .
No podía . . . Entonces yo le ofrecí a Platero, galante.

Al hablarle yo, Antoñilla se encendió toda, quemando su arrebol
las pecas que picaban de ingenuidad el contorno de su mirada gris.
Luego se echó a reír, súbitamente, contra un árbol . . . Al fin se de-
cidió. Tiró a la hierba el pañuelo rosa del estambre, corrió un
punto y, ágil como una galga, se escarranchó sobre Platero, de-
jando colgadas a un lado y otro sus duras piernas que redondeaban,
en no sospechada madurez, los círculos rojos y blancos de las me-
dias bastas.

Platero lo pensó un momento, y, dando un salto seguro, se clavó en
la otra orilla. Luego, como Antoñilla, entre cuyo rubor y yo estaba ya
el arroyo, le taconeara en la barriga, salió trotando por el llano, entre
el reír de oro y plata de la muchacha morena sacudida.

Sometimes in springtime, it takes over the yard and seems to have put forth a new branch from its dry, eternal, lonely old age; it seems to have given birth to itself for another century. . . .

LXXXVIII: October Afternoon

Vacation is over and, with the first yellow leaves, the children have returned to school. Solitude. The sunshine of the house, which also has fallen leaves, seems empty. In one's imagination there resound distant shouting and remote laughter. . . .

Evening slowly falls on the rose bushes, which still have flowers. The lights of the sunset ignite the last roses, and the garden, rising like a flame of fragrance toward the blaze of the setting sun, smells all over of scorched roses. Silence.

Platero, bored as I am, doesn't know what to do. Gradually he approaches me, hesitates a moment, and finally, trustingly, treading the bricks dryly and firmly, he comes into the house with me. . . .

LXXXIX: Antonia

The stream was in such full spate that the yellow irises, a steady golden adornment of its banks in summer, were scattered, isolated, and drowned, bestowing their beauty on the fleeing current, petal by petal. . . .

Where could Antoñilla cross it in her Sunday dress? The stepping stones we set down sank into the mud. The girl continued upstream till she reached the slope with the poplars, to see whether it was possible there. . . . It wasn't. . . . Then I gallantly offered her Platero.

When I spoke to her, Antonia became very flushed, her blush burning up the freckles that studded with candor the outlines of her gray eyes. Then she burst out laughing, suddenly, leaning on a tree. . . . Finally she made up her mind to it. She threw onto the grass her pink worsted kerchief, ran for a moment, and, agile as a greyhound, she straddled Platero, letting dangle on either side her firm legs, which, in unsuspected maturity, were made rounder by the red-and-white circles of her coarse stockings.

Platero thought about it for a moment, and, giving a surefooted leap, he landed firmly on the farther bank. Then, since Antoñilla, between whose blush and myself the stream now flowed, had tapped his belly with her heels, he went trotting down the plain, amid the gold-and-silver laughter of the shaken-up swarthy young woman.

. . . Olía a lirio, a agua, a amor. Cual una corona de rosas con espinas, el verso que Shakespeare hizo decir a Cleopatra, me ceñía, redondo, el pensamiento:

O happy horse, to bear the weight of Antony!

—¡Platero! —le grité, al fin, iracundo, violento y desentonado . . .

XC: El racimo olvidado

Después de las largas lluvias de octubre, en el oro celeste del día abierto, nos fuimos todos a las viñas. Platero llevaba la merienda y los sombreros de las niñas en un cobujón del seroncillo, y en el otro, de contrapeso, tierna, blanca y rosa, como una flor de albérchigo, a Blanca.

¡Qué encanto el del campo renovado! Iban los arroyos rebosantes, estaban blandamente aradas las tierras, y en los chopos marginales, festoneados todavía de amarillo, se veían ya los pájaros, negros.

De pronto, las niñas, una tras otra, corrieron, gritando:

—¡Un raciiimo!, ¡un raciiimo!

En una cepa vieja, cuyos largos sarmientos enredados mostraban aún algunas renegridas y carmines hojas secas, encendía el picante sol un claro y sano racimo de ámbar, brilloso como la mujer en su otoño. ¡Todas lo querían! Victoria, que lo cogió, lo defendía a su espalda. Entonces yo se lo pedí, y ella, con esa dulce obediencia voluntaria que presta al hombre la niña que va para mujer, me lo cedió de buen grado.

Tenía el racimo cinco grandes uvas. Le di una a Victoria, una a Blanca, una a Lola, una a Pepa —¡los niños!—, y la última, entre risas y palmas unánimes, a Platero, que la cogió, brusco, con sus dientes enormes.

XCI: Almirante

Tú no lo conociste. Se lo llevaron antes de que tú vinieras. De él aprendí la nobleza. Como ves, la tabla con su nombre sigue sobre el pesebre que fue suyo, en el que están su silla, su bocado y su cabestro.

¡Qué ilusión cuando entró en el corral por vez primera, Platero! Era marismeño y con él venía a mí un cúmulo de fuerza, de vivacidad, de alegría. ¡Qué bonito era! Todas las mañanas, muy temprano, me iba

. . . There was a fragrance of iris, water, love. Like a wreath of roses with thorns, the line that Shakespeare gave to Cleopatra roundly girdled my mind:

> O happy horse, to bear the weight of Antony![20]

"Platero!" I finally called to him, angrily, violently, rudely. . . .

XC: The Forgotten Bunch of Grapes

After the long rains of October, in the heavenly gold of the open day, we all went to the vineyards. Platero carried our lunch and the girls' hats in one of his twin panniers, and in the other, as a counterweight, Blanca, white and pink, like an apricot blossom.

How bewitching the revived countryside was! The streams were overflowing, the fields were softly plowed, and in the streamside poplars, still festooned with yellow, one could already see the birds, black.

Suddenly the girls, one after another, ran and cried:

"A bunch of grapes, a bunch of grapes!"

On an old vine, whose long, tangled shoots still exhibited a few black and crimson dry leaves, the stinging sun was igniting a bright, healthy, fragrant cluster, lustrous as woman in her autumn. They all wanted it! Victoria, who picked it, was defending it behind her back. Then I asked her for it, and she, with that sweet voluntary obedience which a girl who is soon to be a woman gives to a man, she yielded it to me with good grace.

The bunch contained five large grapes. I gave one to Victoria, one to Blanca, one to Lola, one to Pepa—the children!—and the last one, amid unanimous laughter and clapping, to Platero, who seized it abruptly with his enormous teeth.

XCI: Almirante

You never knew him. He was taken away before you came. From him I learned nobility. As you can see, the board with his name is still over the manger that was his, where his saddle, bit, and bridle are.

What a thrill when he first entered the yard, Platero! He was from the salt marshes, and with him there came to me an accumulation of strength, vivacity, and joy. How pretty he was! Every morning, very early, I rode

---

20. *Antony and Cleopatra*, I, v.

con él ribera abajo y galopaba por las marismas levantando las ban-
dadas de grajos que merodeaban por los molinos cerrados. Luego,
subía por la carretera y entraba, en un duro y cerrado trote corto, por
la calle Nueva.

Una tarde de invierno vino a mi casa monsieur Dupont, el de las
bodegas de San Juan, su fusta en la mano. Dejó sobre el velador de la
salita unos billetes y se fue con Lauro hacia el corral. Después, ya
anocheciendo, como en un sueño, vi pasar por la ventana a monsieur
Dupont con Almirante enganchado en su *charret*, calle Nueva arriba,
entre la lluvia.

No sé cuántos días tuve el corazón encogido. Hubo que llamar al
médico y me dieron bromuro y éter y no sé qué más, hasta que el
tiempo, que todo lo borra, me lo quitó del pensamiento, como me
quitó a *Lord* y a la niña también, Platero.

Sí, Platero. ¡Qué buenos amigos hubierais sido Almirante y tú!

XCII: Viñeta

Platero; en los húmedos y blandos surcos paralelos de la oscura haza
recién arada, por los que corre ya otra vez un ligero brote de verdor
de las semillas removidas, el sol, cuya carrera es ya tan corta, siembra,
al ponerse, largos regueros de oro sensitivo. Los pájaros frioleros se
van, en grandes y altos bandos, al Moro. La más leve ráfaga de viento
desnuda ramas enteras de sus últimas hojas amarillas.

La estación convida a mirarnos el alma, Platero. Ahora tendremos
otro amigo: el libro nuevo, escogido y noble. Y el campo todo se nos
mostrará abierto, ante el libro abierto, propicio en su desnudez al in-
finito y sostenido pensamiento solitario.

Mira, Platero, este árbol que, verde y susurrante, cobijó, no hace un
mes aún, nuestra siesta. Solo, pequeño y seco, se recorta, con un pá-
jaro negro entre las hojas que le quedan, sobre la triste vehemencia
amarilla del rápido poniente.

XCIII: La escama

Desde la calle de la Aceña, Platero, Moguer es otro pueblo. Allí em-
pieza el barrio de los marineros. La gente habla de otro modo, con tér-
minos marinos, con imágenes libres y vistosas. Visten mejor los hom-
bres, tienen cadenas pesadas y fuman buenos cigarros y pipas largas.

down the coastline with him and galloped through the salt marshes, stirring up the flocks of rooks that marauded among the locked-up mills. Then I would ascend by the highway and enter Calle Nueva at a hard, tight, short trot.

One winter afternoon Monsieur Dupont, the one from the San Juan winery, came to my house, riding-crop in hand. He left a few banknotes on the pedestal table in the little parlor and went to the yard with Lauro. Afterward, at nightfall, as if in a dream, I saw Monsieur Dupont pass by the window with Almirante hitched to his *charrette*, going up Calle Nueva in the rain.

I don't know for how many days my heart was tightened. They had to call the doctor, and I was given bromide, ether, and a lot more, until time, which erases everything, made me forget him, as I forgot Lord and that little girl, too, Platero.

Yes, Platero. What good friends you and Almirante would have been!

XCII: Vignette

Platero, in the soft, moist parallel furrows of the newly plowed dark field, along which there already runs again a light sprouting of green from the scattered seeds, the sun, whose course iis now so short, sows, when it sets, long trails of sentient gold. The birds sensitive to cold are departing, in large, high-flying flocks, to Morocco. The slightest gust of wind strips entire branches of their last yellow leaves.

The season invites us to study our souls, Platero. Now we shall have another friend: a new book, carefully chosen and noble. And the entire countryside will show itself open before us, in front of the open book, propitious in its nakedness to infinite, sustained, solitary meditation.

Look, Platero, at this tree which, green and whispering, sheltered us from the mid-afternoon heat not even a month ago. Alone, small, dry, with a black bird among the leaves still remaining to it, it stands out against the sad yellow vehemence of the swift sunset.

XCIII: The Scale

Seen from the Calle de la Aceña, Platero, Moguer is a different town. There the seamen's quarter begins. The people speak differently, using nautical terms and free, showy images. The men dress better, wear heavy watch chains, and smoke good cigars and long pipes. What a difference between a

¡Qué diferencia entre un hombre sobrio, seco y sencillo de la Carrete-
ría, por ejemplo, Raposo, y un hombre alegre, moreno y rubio, Picón,
tú lo conoces, de la calle de la Ribera!
Granadilla, la hija del sacristán de San Francisco, es de la calle del
Coral. Cuando viene algún día a casa, deja la cocina vibrando de su
viva charla gráfica. Las criadas, que son una de la Friseta, otra del
Monturrio, otra de los Hornos, la oyen embobadas. Cuenta de Cádiz,
de Tarifa y de la Isla; habla de tabaco de contrabando, de telas de
Inglaterra, de medias de seda, de plata, de oro . . . Luego sale tacone-
ando y contoneándose, ceñida su figulina ligera y rizada en el fino
pañuelo negro de espuma . . .
Las criadas se quedan comentando sus palabras de colores. Veo a
Montemayor mirando una escama de pescado contra el sol, tapado el ojo
izquierdo con la mano . . . Cuando le pregunto qué hace, me responde
que es la Virgen del Carmen, que se ve, bajo el arco iris, con su manto
abierto y bordado, en la escama, la Virgen del Carmen, la Patrona de los
marineros; que es verdad, que se lo ha dicho Granadilla . . .

XCIV: Pinito

¡Eese! . . . ¡Eese! . . . ¡Eese! . . . ¡ . . . maj tonto que Pinitooo! . . .
Casi se me había ya olvidado quién era Pinito. Ahora, Platero, en
este sol suave del otoño, que hace de los vallados de arena roja un in-
cendio mas colorado que caliente, la voz de ese chiquillo me hace, de
pronto, ver venir a nosotros, subiendo la cuesta con una carga de
sarmientos renegridos, al pobre Pinito.
Aparece en mi memoria y se borra otra vez. Apenas puedo recordarlo.
Lo veo, un punto, seco, moreno, ágil, con un resto de belleza en su sucia
fealdad; mas, al querer fijar mejor su imagen, se me escapa todo, como
un sueño con la mañana, y ya no sé tampoco si lo que pensaba era de él
. . . Quizás iba corriendo casi en cueros por la calle Nueva, en una
mañana de agua, apedreado por los chiquillos; o, en un crepúsculo in-
vernal, tornaba, cabizbajo y dando tumbos, por las tapias del cementerio
viejo, al Molino de viento, a su cueva sin alquiler, cerca de los perros
muertos, de los montones de basura y con los mendigos forasteros.
—¡ . . . maj tonto que Pinitooo! . . . ¡Eese! . . .
¡Qué daría yo, Platero, por haber hablado una vez sola con Pinito! El
pobre murió, según dice la Macaria, de una borrachera, en casa de las
Colillas, en la gavia del Castillo, hace ya mucho tiempo, cuando era yo
niño aún, como tú ahora, Platero. Pero ¿sería tonto? ¿Cómo, cómo sería?

sober, dry, simple man from La Carretería (for example, Raposo) and a cheerful, swarthy, blonde man: Picón (you know him, from the Calle de la Ribera)!

Granadilla, the daughter of the sacristan of San Francisco's, is from the Calle del Coral. When she comes to the house, as she sometimes does, she leaves the kitchen vibrating with her lively, graphic conversation. The servant women, of whom one is from La Friseta, another from El Monturrio, and another from Los Hornos, listen to her in stupefaction. She tells them about Cádiz, Tarifa, and La Isla; she talks about smuggled tobacco, English cloth, silk stockings, silver, gold. . . . Then she goes out tapping her heels and swaying, her light, curly little head wrapped in her delicate, frothy black kerchief. . . .

The servants are left to comment on her colorful words. I see Montemayor looking at a fish scale against the sun, her left eye covered by her hand. . . . When I ask her what she's doing, she replies that the Virgin of Mount Carmel can be seen, beneath the rainbow, with her open, embroidered mantle, in the scale, the Virgin of Mount Carmel, the patron saint of seafarers; she insists that it's true, Granadilla told her so. . . .

XCIV: Pinito

"Hey, you! Hey, you! Hey, you! Dumber than Pinito!". . .

I had already nearly forgotten who Pinito was. Now, Platero, in this soft fall sunshine, which turns the red sandy banks into a blaze more scarlet than hot, that little boy's voice makes me suddenly see poor Pinito approaching us, climbing the hill with a load of blackened vine shoots.

He appears in my memory and is erased again. I can hardly recall him. I see him for a moment thin, swarthy, agile, with a remnant of good looks in his dirtiness and ugliness; but when I try to fix his image more firmly, it escapes me altogether, like a dream at morning, and I no longer even know whether it was really he I was thinking about. . . . Perhaps he was running, nearly naked, down the Calle Nueva, on a rainy morning, with the little boys throwing stones at him; or at dusk in winter, he was returning, head down and lurching, alongside the adobe walls of the old cemetery, to the windmill, his rent-free cavern, near the dead dogs, the piles of refuse, and the beggars from out of town.

"Dumber than Pinito! . . . Hey, you!". . .

What wouldn't I give, Platero, to have spoken with Pinito just once! The poor fellow died, from what Macaria tells me, of a drunken jag, in the home of the Colilla women, in the Castle moat, a long time ago, when I was still a boy, the way you are now, Platero. But was he really dumb? What, what was he like?

Platero, muerto él sin saber yo cómo era, ya sabes que, según ese chiquillo, hijo de una madre que lo conoció sin duda, yo soy más tonto que Pinito.

XCV: El río

Mira, Platero, cómo han puesto el río entre las minas, el mal corazón y el padrastreo. Apenas si su agua roja recoge aquí y allá, esta tarde, entre el fango violeta y amarillo, el sol poniente; y por su cauce casi sólo pueden ir barcas de juguete. ¡Qué pobreza!

Antes, los barcos grandes de los vinateros, laúdes, bergantines, faluchos —El Lobo, La Joven Eloísa, el San Cayetano, que era de mi padre y que mandaba el pobre Quintero, La Estrella, de mi tío, que mandaba Picón—, ponían sobre el cielo de San Juan la confusión alegre de sus mástiles —¡sus palos mayores, asombro de los niños!—; o iban a Málaga, a Cádiz, a Gibraltar, hundidos de tanta carga de vino . . . Entre ellos, las lanchas complicaban el oleaje con sus ojos, sus santos y sus nombres pintados de verde, de azul, de blanco, de amarillo, de carmín . . . Y los pescadores subían al pueblo sardinas, ostiones, anguilas, lenguados, cangrejos . . . El cobre de Ríotinto lo ha envenenado todo. Y menos mal, Platero, que con el asco de los ricos, comen los pobres la pesca miserable de hoy . . . Pero el falucho, el bergantín, el laúd, todos se perdieron.

¡Qué miseria! ¡Ya el Cristo no ve el aguaje alto en las mareas! Sólo queda, leve hilo de sangre de un muerto, mendigo harapiento y seco, la exangüe corriente del río, color de hierro igual que este ocaso rojo sobre el que La Estrella, desarmada, negra y podrida, al cielo la quilla mellada, recorta como una espina de pescado su quemada mole, en donde juegan, cual en mi pobre corazón las ansias, los niños de los carabineros.

XCVI: La granada

¡Qué hermosa esta granada, Platero! Me la ha mandado Aguedilla, escogida de lo mejor de su arroyo de las Monjas. Ninguna fruta me hace pensar, como ésta, en la frescura del agua que la nutre. Estalla de salud fresca y fuerte. ¿Vamos a comérnosla?

¡Platero, qué grato gusto amargo y seco el de la difícil piel, dura y agarrada como una raíz a la tierra! Ahora, el primer dulzor, aurora

Platero, though he died before I could learn what he was like, you know by now, from the words of that little boy, whose mother must surely have known him, that I'm dumber than Pinito.

XCV: The River

Look, Platero, at what's become of the river, what with the mines, evil intentions, and stepfatherly treatment. This evening its red water scarcely catches any of the setting sun, just here and there, amid the violet and yellow mud; and only toy boats can float down its channel. What poverty!

Formerly, the wine dealers' big boats, catboats, brigantines, feluccas—the *Wolf*, the *Young Eloise*, the *Saint Cajetan* (which belonged to my father and was captained by poor Quintero), the *Star* (my uncle's, captained by Picón)—set the merry confusion of their masts against the San Juan sky (their mainmasts, the amazement of the children!) or went to Málaga, Cádiz, Gibraltar, low in the water, they were so loaded down with wine. . . . In their midst, the lighters complicated the surf with their painted eyes, their saints, and their names painted in green, blue, white, yellow, crimson. . . . And the fishermen would bring up to town sardines, large oysters, eels, flounders, crabs. . . . The copper from Ríotinto has polluted it all. And it's a lucky thing, Platero, that as the rich get more fastidious, the poor people get to eat the miserable catch nowadays. . . . But the felucca, the brigantine, the catboat are all gone.

What a wretched situation! The image of Christ no longer sees the high-water mark when the tide comes in! All that's left, a thin thread of dead man's blood, a ragged, scrawny beggar, is the exhausted current of the river, iron-colored like this red sunset against which the *Star*, dismantled, black, and rotting, her chipped keel in the air, outlines, like a fish's skeleton, its burnt bulk, in which the children of the customs officers play, just as anxieties play in my poor heart.

XCVI: The Pomegranate

How beautiful this pomegranate is, Platero! It was sent to me by Aguedilla, who selected it from the best ones at her stream of Las Monjas. No other fruit makes me think more about the coolness of the water that nourishes it. It's bursting with lively, solid good health. Shall we eat it?

Platero, what a pleasant bitter and dry taste in the stubborn peel, tough and clinging like a root in the earth! Now, the first sweetness, dawn transformed

hecha breve rubí, de los granos que se vienen pegados a la piel. Ahora, Platero, el núcleo apretado, sano, completo, con sus velos finos, el exquisito tesoro de amatistas comestibles, jugosas y fuertes, como el corazón de no sé qué reina joven. ¡Qué llena está, Platero! Ten, come. ¡Qué rica! ¡Con qué fruición se pierden los dientes en la abundante sazón alegre y roja! Espera, que no puedo hablar. Da al gusto una sensación como la del ojo perdido en el laberinto de colores inquietos de un calidoscopio. ¡Se acabó!

Ya yo no tengo granados, Platero. Tú no viste los del corralón de la bodega de la calle de las Flores. Íbamos por las tardes . . . Por las tapias caídas se veían los corrales de las casas de la calle del Coral, cada uno con su encanto, y el campo, y el río. Se oía el toque de las cornetas de los carabineros y la fragua de Sierra . . . Era el descubrimiento de una parte nueva del pueblo que no era la mía, en su plena poesía diaria. Caía el sol y los granados se incendiaban como ricos tesoros, junto al pozo en sombra que desbarataba la higuera llena de salamanquesas . . .

¡Granada, fruta de Moguer, gala de su escudo! ¡Granadas abiertas al sol grana del ocaso! ¡Granadas del huerto de las Monjas, de la cañada del Peral, de Sabariego, en los reposados valles hondos con arroyos donde se queda el cielo rosa, como en mi pensamiento, hasta bien entrada la noche!

XCVII: El cementerio viejo

Yo quería, Platero, que tú entraras aquí conmigo; por eso te he metido, entre los burros del ladrillero, sin que te vea el enterrador. Ya estamos en el silencio . . . Anda . . .

Mira; este es el patio de San José. Ese rincón umbrío y verde, con la verja caída, es el cementerio de los curas . . . Este patinillo encalado que se funde, sobre el poniente, en el sol vibrante de las tres, es el patio de los niños . . . Anda . . . El Almirante . . . Doña Benita . . . La zanja de los pobres, Platero . . .

¡Cómo entran y salen los gorriones de los cipreses! ¡Míralos qué alegres! Esa abubilla que ves ahí, en la salvia, tiene el nido en un nicho . . . Los niños del enterrador. Mira con qué gusto se comen su pan con manteca colorada . . . Platero, mira esas dos mariposas blancas . . .

El patio nuevo . . . Espera . . . ¿Oyes? Los cascabeles . . . Es el coche de las tres, que va por la carretera a la estación . . . Esos pinos son los del Molino de viento . . . Doña Lutgarda . . . El capitán . . . Alfredito

into a small ruby, of the seeds that stick to the peel. Now, Platero, the firm, healthy, intact pulp, with its thin membranes, the exquisite treasure of edible amethysts, juicy and strong, like the heart of some young queen. How full it is, Platero! Here, eat. How delicious! With what enjoyment one's teeth sink into its abundant ripeness, jolly and red! Wait, I can't talk. It gives the sense of taste the same feeling that one's eyes have when sunk in the labyrinth of restless colors in a kaleidoscope. It's finished!

I no longer have pomegranate trees, Platero. You never saw the ones in the big yard at the winery on the Calle de las Flores. We'd go there in the afternoon. . . . Through the fallen adobe walls we could see the yards of the houses on the Calle del Coral, each with its own magic, and the countryside, and the river. We could hear the blowing of the customs officers' cornets and Sierra's forge. . . . It was the discovery of a new part of town which wasn't mine, in the fullness of its everyday poetry. The sun was descending and the pomegranate trees were set ablaze like rich treasures, next to the well in shadow which was disjointed by the fig tree filled with geckos. . . .

Pomegranate, fruit of Moguer, adornment of its coat-of-arms! Pomegranates open to the scarlet setting sun! Pomegranates from the garden at Las Monjas, from the ravine of El Peral, from Sabariego, in the deep restful valleys with streams in which the pink sky lingers until night has closed in, as it lingers in my memory!

XCVII: The Old Cemetery

Platero, I wanted you to come in here with me; that's why I slipped you in among the brickmaker's donkeys so the gravedigger wouldn't see you. Now we're in the silence. . . . Walk. . . .

Look; this is the Patio de San José. That shady green corner, with the tumbledown iron fence, is the priests' cemetery. . . . This little whitewashed patio which, to the west, blends into the vibrant three-o'clock sun, is the area for children. . . . Walk. . . . The admiral. . . . Doña Benita. . . . The ditch for the poor, Platero. . . .

How the sparrows fly in and out of the cypresses! See how cheerful they are! That hoopoe you see there, in the sage, has its nest in a niche. . . . The gravedigger's children. See with what pleasure they eat their bread and red lard. . . . Platero, look at those two white butterflies. . . .

The new burial area. . . . Wait. . . . Do you hear? The horse bells. . . . It's the three-o'clock coach going down the highway to the station. . . . Those pines are the ones at the windmill. . . . Doña Lutgarda. . . . The captain. . . .

Ramos, que traje yo, en su cajita blanca, de niño, una tarde de primavera, con mi hermano, con Pepe Sáenz y con Antonio Rivero . . .
¡Calla . . . ! El tren de Ríotinto que pasa por el puente . . . Sigue . . .
La pobre Carmen, la tísica, tan bonita, Platero . . . Mira esa rosa con sol . . . Aquí está la niña, aquel nardo que no pudo con sus ojos negros . . . Y aquí, Platero, está mi padre . . .

Platero . . .

XCVIII: Lipiani

Échate a un lado, Platero, y deja pasar a los niños de la escuela.

Es jueves, como sabes, y han venido al campo. Unos días los lleva Lipiani a lo del padre Castellano, otros al puente de las Angustias, otros a la Pila. Hoy se conoce que Lipiani está de humor, y, como ves, los ha traído hasta la Ermita.

Algunas veces he pensado que Lipiani te deshombrara —ya sabes lo que es desasnar a un niño, según palabra de nuestro alcalde—, pero me temo que te murieras de hambre. Porque el pobre Lipiani, con el pretexto de la hermandad en Dios, y aquello de que los niños se acerquen a mí, que él explica a su modo, hace que cada niño reparta con él su merienda, las tardes de campo, que él menudea, y así se come trece mitades él solo.

¡Mira qué contentos van todos! Los niños, como corazonazos mal vestidos, rojos y palpitantes, traspasados de la ardorosa fuerza de esta alegre y picante tarde de octubre. Lipiani, contoneando su mole blanda en el ceñido traje canela de cuadros, que fue de Boria, sonriente su gran barba entrecana con la promesa de la comilona bajo el pino . . . Se queda el campo vibrando a su paso como un metal policromo, igual que la campana gorda que ahora, callada ya a sus vísperas, sigue zumbando sobre el pueblo como un gran abejorro verde, en la torre de oro desde donde ella ve la mar.

XCIX: El Castillo

¡Qué bello está el cielo esta tarde, Platero, con su metálica luz de otoño, como una ancha espada de oro limpio! Me gusta venir por aquí, porque desde esta cuesta en soledad se ve bien el ponerse del sol y nadie nos estorba, ni nosotros inquietamos a nadie . . .

Sólo una casa hay, blanca y azul, entre las bodegas y los muros su-

Little Alfredo Ramos, whom I carried, in his little white coffin, when I was a boy, one spring afternoon, with my brother, Pepe Sáenz, and Antonio Rivero. . . . Be still! . . . The Ríotinto train going over the bridge. . . . Continue. . . . Poor Carmen, the consumptive girl, so pretty, Platero. . . . Look at that sunlit rose. . . . Here is the girl, that amaryllis whose dark eyes were too heavy for her. . . . And here, Platero, is my father. . . .

Platero . . .

XCVIII: Lipiani

Move over, Platero, and let the schoolchildren go by.

It's Thursday, as you know, and they've come to the country. Some days Lipiani takes them to Father Castellano's; other days, to the bridge at Las Angustias; others, to La Pila. Today Lipiani is obviously in a good mood, and, as you see, he's brought them all the way to the Hermitage.

I've sometimes thought that Lipiani might "take the man" out of you—you know what it means to "take the donkey out of a child," to quote our mayor— but I'm afraid you'd die of hunger. Because poor Lipiani, with the pretext of brotherhood in God and that phrase about "the children coming to me," which he expounds after his own fashion, makes every child share his lunch with him, on afternoons in the country, which he arranges frequently, and thus all by himself he eats thirteen half-lunches.

See how contented they all are! The children, like poorly dressed big hearts, red and throbbing, imbued with the burning power of this cheerful, piquant October afternoon. Lipiani, his soft bulk swaying in his tight suit, cinnamon with checks, which belonged to Dr. Boria, his big graying beard smiling at the thought of the huge meal under the pine. . . . The countryside remains vibrating as they go by like polychrome metal, just like the big church bell which now, its call to vespers over, keeps buzzing over the town like a big green bumblebee,, in the golden tower from which it sees the ocean.

XCIX: The Castle

How lovely the sky is this afternoon, Platero, with its metallic autumn light, like a broadsword of pure gold! I like to come this way, because from this lonely slope the sunset is seen clearly and no one disturbs us, and we don't upset anyone else. . . .

There's just one house, white and blue, among the wineries and the dirty

cios que bordean el jaramago y la ortiga, y se diría que nadie vive en ella. Este es el nocturno campo de amor de la Colilla y de su hija, esas buenas mozas blancas, iguales casi, vestidas siempre de negro. En esta gavia es donde se murió Pinito y donde estuvo dos días sin que lo viera nadie. Aquí pusieron los cañones cuando vinieron los artilleros. A don Ignacio, ya tú lo has visto, confiado, con su contrabando de aguardiente. Además, los toros entran por aquí, de las Angustias, y no hay ni chiquillos siquiera.

. . . Mira la viña por el arco del puente de la gavia, roja y decadente, con los hornos de ladrillo y el río violeta al fondo. Mira las marismas, solas. Mira cómo el sol poniente, al manifestarse, grande y grana, como un dios visible, atrae a él el éxtasis de todo y se hunde, en la raya de mar que está detrás de Huelva, en el absoluto silencio que le rinde el mundo, es decir, Moguer, su campo, tú y yo, Platero.

C: La plaza vieja de toros

Una vez más pasa por mí, Platero, en incogible ráfaga, la visión aquélla de la plaza vieja de toros que se quemó una tarde . . . de . . . que se quemó, yo no sé cuándo . . .

Ni sé tampoco cómo era por dentro . . . Guardo una idea de haber visto —¿o fue en una estampa de las que venían en el chocolate que me daba Manolito Flórez?— unos perros chatos, pequeños y grises, como de maciza goma, echados al aire por un toro negro . . . Y una redonda soledad absoluta, con una alta yerba muy verde . . . Sólo sé cómo era por fuera, digo, por encima, es decir, lo que no era plaza . . . Pero no había gente . . . Yo daba, corriendo, la vuelta por las gradas de pino, con la ilusión de estar en una plaza de toros buena y verdadera, como las de aquellas estampas, más alto cada vez; y, en el anochecer de agua que se venía encima, se me entró, para siempre, en el alma, un paisaje lejano de un rico verdor negro, a la sombra, digo, al frío del nubarrón, con el horizonte de pinares recortado sobre una sola y leve claridad corrida y blanca, allá sobre el mar . . .

Nada más . . . ¿Qué tiempo estuve allí? ¿Quién me sacó? ¿Cuándo fue? No lo sé, ni nadie me lo ha dicho, Platero . . . Pero todos me responden, cuando les hablo de ello:

—Sí; la plaza del Castillo, que se quemó . . . Entonces sí que venían toreros a Moguer . . .

walls edged by hedge mustard and nettles, and you'd think no one lived in it. It's the nocturnal loving-ground of Colilla and her daughter, those fine figures of women, white-skinned, almost lookalikes, always dressed in black. It's in that moat that Pinito died, remaining there for two days without anyone seeing him. Here is where they set up the cannons when the artillerymen came. Don Ignacio you've seen, self-confident, with his smuggled brandy. Besides, the bulls come in through here, from Las Augustias, and there aren't even little children.

. . . Look at the vineyard through the arch of the bridge over the moat—it's red and decaying—with the brick kilns and the violet river in the background. Look at the salt marshes, in solitude. See how the setting sun, manifesting itself, large and scarlet, as a visible god, draws to itself the ecstasy of all things and, in the strip of sea behind Huelva, sinks into the absolute silence that the world—that is, Moguer, its countryside, you, and I, Platero—pay to it in homage.

C: The Old Bullring

Once again there passes through me, Platero, in an unseizable gust, that vision of the old bullring that burned down one afternoon . . . in . . . that burned down, I don't know when. . . .

Nor do I know what it was like inside. . . . I retain a recollection of having seen (or was it in one of the pictures that came with the chocolate Manolito Flórez used to give me?) some pugnosed dogs, small and gray, as if of solid rubber, tossed in the air by a black bull. . . . And an absolute, complete solitude, with tall grass that was very green. . . . I only know what it was like on the outside; I mean, from the top; that is, the part that wasn't really the arena. . . . But there were no people. . . . I would make the circuit of it, running around the pine tiers, imagining I was in a real, true bullring like the ones in those pictures, higher all the time; and, in the rainy nightfall that closed in, there entered into my soul, for good, a distant landscape of a rich dark green, in the shade—I mean, in the chill of the big cloud, with the horizon of pinewoods outlined against a single, slight brightness, of an unbroken white, yonder over the sea. . . .

Nothing else. . . . How long was I there? Who took me out? When was it? I don't know, and no one has ever told me, Platero. . . . But whenever I talk about it, everyone replies:

"Yes, the Castle bullring that burned down. . . . That's when you really had toreros coming to Moguer." . . .

CI: El eco

El paraje es tan solo, que parece que siempre hay alguien por él. De vuelta de los montes, los cazadores alargan por aquí el paso y se suben por los vallados para ver más lejos. Se dice que, en sus correrías por este término, hacía noche aquí Parrales, el bandido . . . La roca roja está contra el naciente y, arriba, alguna cabra desviada, se recorta, a veces, contra la luna amarilla del anochecer. En la pradera, una charca que solamente seca agosto, coge pedazos de cielo amarillo, verde, rosa, ciega casi por las piedras que desde lo alto tiran los chiquillos a las ranas, o por levantar el agua en un remolino estrepitoso.

. . . He parado a Platero en la vuelta del camino, junto al algarrobo que cierra la entrada del prado, negro todo de sus alfanjes secos; y aumentando mi boca con mis manos, he gritado contra la roca: ¡Platero!

La roca, con respuesta seca, endulzada un poco por el contagio del agua próxima, ha dicho: ¡Platero!

Platero ha vuelto, rápido, la cabeza, irguiéndola y fortaleciéndola, y con un impulso de arrancar, se ha estremecido todo.

¡Platero! —he gritado de nuevo a la roca.

La roca de nuevo ha dicho: ¡Platero!

Platero me ha mirado, ha mirado a la roca y, remangado el labio, ha puesto un interminable rebuzno contra el cenit.

La roca ha rebuznado larga y oscuramente con él en un rebuzno paralelo al suyo, con el fin más largo.

Platero ha vuelto a rebuznar.

La roca ha vuelto a rebuznar.

Entonces, Platero, en un rudo alboroto testarudo, se ha cerrado como un día malo, ha empezado a dar vueltas con el testuz o en el suelo, queriendo romper la cabezada, huir, dejarme solo, hasta que me lo he ido trayendo con palabras bajas, y poco a poco su rebuzno se ha ido quedando sólo en su rebuzno, entre las chumberas.

CII: Susto

Era la comida de los niños. Soñaba la lámpara su rosada lumbre tibia sobre el mantel de nieve, y los geranios rojos y las pintadas manzanas coloreaban de una áspera alegría fuerte aquel sencillo idilio de caras inocentes. Las niñas comían como mujeres; los niños discutían como algunos hombres. Al fondo, dando el pecho blanco al pequeñuelo, la

CI: The Echo

The spot is so lonely that it always seems to have someone in it. Returning from the mountains, hunters take longer strides here and climb up onto banks to see farther. It's said that in his ramblings in this district, the bandit Parrales would spend the night here. . . . The red cliff faces east and up there some stray goat stands out at times against the yellow moon at nightfall. In the meadow, a pond that only dries up in August, catches scraps of yellow, green, pink sky, nearly filled in by the stones that little children throw from above at the frogs, or to make the water rise in a noisy whirlpool.

. . . I've made Platero halt at the bend in the road, next to the carob tree that shuts off the entrance to the meadow, which is all black with its dry, scimitar-like plant sheaths; and, cupping my hands to my lips, I've shouted against the cliff: "Platero!"

The cliff, in a dry response, slightly sweetened by the contagious effect of the nearby water, said: "Platero!"

Platero quickly turned his head, raising and stiffening it, and with an impulse to light out, he shuddered all over.

"Platero!" I shouted again at the cliff.

The cliff again said: "Platero!"

Platero looked at me, looked at the cliff, and, curling back his lip, hurled an endless bray at the zenith.

The cliff brayed long and obscurely together with him in a bray corresponding to his, but longer at the end.

Platero brayed again.

The cliff brayed again.

Then Platero, in a rough, stubborn agitation, shut himself up like an overcast day and started to make circles with his head or on the ground, trying to break his halter, run away, and leave me alone, until I got him to go with me, speaking softly; and little by little his bray was limited to itself alone, amid the prickly pears.

CII: A Scare

It was the children's mealtime. The lamp was dreaming its pink warm light over the snowy tablecloth, and the red geraniums and the speckled apples lent a color of rough, strong joy to that simple idyll of innocent faces. The girls ate like women; the boys argued like certain men. In the background, giving her white breast to the infant, the mother, young, blonde, and lovely, looked

madre, joven, rubia y bella, los miraba sonriendo. Por la ventana del jardín, la clara noche de estrellas temblaba, dura y fría.

De pronto, Blanca huyó, como un débil rayo, a los brazos de la madre. Hubo un súbito silencio, y luego, en un estrépito de sillas caídas, todos corrieron tras de ella, con un raudo alborotar, mirando espantados a la ventana.

¡El tonto de Platero! Puesta en el cristal su cabezota blanca, agigantada por la sombra, los cristales y el miedo, contemplaba, quieto y triste, el dulce comedor encendido.

CIII: La fuente vieja

Blanca siempre sobre el pinar siempre verde; rosa o azul, siendo blanca, en la aurora; de oro o malva en la tarde, siendo blanca; verde o celeste, siendo blanca, en la noche; la fuente vieja, Platero, donde tantas veces me has visto parado tanto tiempo, encierra en sí, como una clave o una tumba, toda la elegía del mundo, es decir, el sentimiento de la vida verdadera.

En ella he visto el Partenón, las Pirámides, las catedrales todas. Cada vez que una fuente, un mausoleo, un pórtico me desvelaron con la insistente permanencia de su belleza, alternaba en mi duermevela su imagen con la imagen de la Fuente vieja.

De ella fui a todo. De todo torné a ella. De tal manera está en su sitio, tal armoniosa sencillez la eterniza, el color y la luz son suyos tan por entero, que casi se podría coger de ella en la mano, como su agua, el caudal completo de la vida. La pintó Böcklin sobre Grecia; Fray Luis la tradujo; Beethoven la inundó de alegre llanto; Miguel Ángel se la dio a Rodin.

Es la cuna y es la boda; es la canción y es el soneto; es la realidad y es la alegría; es la muerte.

Muerta está ahí, Platero, esta noche, como una carne de mármol entre el oscuro y blando verdor rumoroso; muerta, manando de mi alma el agua de mi eternidad.

CIV: Camino

¡Qué de hojas han caído la noche pasada, Platero! Parece que los árboles han dado una vuelta y tienen la copa en el suelo y en el cielo las raíces, en un anhelo de sembrarse en él. Mira ese chopo: parece Lucía, la muchacha titiritera del circo, cuando, derramada la cabellera

at them smilingly. Through the garden window, the bright starry night was trembling, firm and cold.

All at once Blanca escaped like a feeble lightning flash into her mother's arms. There was a sudden silence, and then, in a clatter of overturned chairs, they all followed her, running in swift agitation and looking at the window in fright.

Silly Platero! His big white head, pressed against the glass and magnified by the darkness, the panes, and the fear, was calmly and sadly studying the sweet, brightly lit dining room.

CIII: The Old Fountain

Always white against the evergreen pinewood; pink or blue, though white, at dawn; gold or mauve in the afternoon, though white; green or sky-blue, though white, at night; the old fountain, Platero, where you've seen me halt so often for so long, encloses within itself, like a cipher or a grave, all the elegy of the world; that is, the feeling of true life.

In it I've seen the Parthenon, the Pyramids, every cathedral. Every time a fountain, a mausoleum, or a portico kept me awake with the insistent permanence of its beauty, its image alternated in my half-sleep with the image of the old fountain.

I went from it to the world. From the world I returned to it. It is so situated, such harmonious simplicity makes it eternal, color and light belong to it so completely, that you could almost seize in your hand out of it, like its water, the total abundance of life. Böcklin painted it in a Grecian setting; Fray Luis de León translated it into words; Beethoven inundated it with cheerful lament; Michelangelo handed it down to Rodin.

It's the cradle and the wedding; it's the song and the sonnet; it's reality and happiness; it's death.

Tonight it lies dead here, Platero, like marble flesh amid the dark, soft, murmuring verdure; dead, pouring the water of my eternity from my soul.

CIV: A Road

So many leaves fell last night, Platero! The trees seem to have turned upside down, and to have their tops on the ground and their roots in the sky, in their yearning to plant themselves there. Look at that poplar: it resembles Lucía, the girl acrobat in the circus, when, her fiery hair tumbling onto the carpet,

de fuego en la alfombra, levanta, unidas, sus finas piernas bellas, que alarga la malla gris.

Ahora, Platero, desde la desnudez de las ramas, los pájaros nos verán entre las hojas de oro, como nosotros los veíamos a ellos entre las hojas verdes, en la primavera. La canción suave que antes cantaron las hojas arriba, ¡en qué seca oración arrastrada se ha tornado abajo!

¿Ves el campo, Platero, todo lleno de hojas secas? Cuando volvamos por aquí, el domingo que viene, no verás una sola. No sé donde se mueren. Los pájaros, en su amor de la primavera, han debido decirles el secreto de ese morir bello y oculto, que no tendremos tú ni yo, Platero . . .

CV: Piñones

Ahí viene, por el sol de la calle Nueva, la chiquilla de los piñones. Los trae crudos y tostados. Voy a comprarle, para ti y para mí, una perra gorda de piñones tostados, Platero.

Noviembre superpone invierno y verano en días dorados y azules. Pica el sol, y las venas se hinchan como sanguijuelas, redondas y azules . . . Por las blancas calles tranquilas y limpias pasa el liencero de La Mancha con su fardo gris al hombro; el quincallero de Lucena, todo cargado de luz amarilla, sonando su tintan que recoge en cada sonido el sol . . . Y, lenta, pegada a la pared, pintando con cisco, en larga raya, la cal, doblada con su espuerta, la niña de la Arena, que pregona larga y sentidamente: ¡A loj tojtaiiitoooj piñoneee . . . !

Los novios los comen juntos en las puertas, trocando, entre sonrisas de llama, meollos escogidos. Los niños que van al colegio, van partiéndolos en los umbrales con una piedra . . . Me acuerdo que, siendo yo niño, íbamos al naranjal de Mariano, no los Arroyos, las tardes de invierno. Llevábamos un pañuelo de piñones tostados, y toda mi ilusión era llevar la navaja con que los partíamos, una navaja de cabo de nácar, labrada en forma de pez, con dos ojitos correspondidos de rubí, al través de los cuales se veía la Torre Eiffel . . .

¡Qué gusto tan bueno dejan en la boca los piñones tostados, Platero! ¡Dan un brío, un optimismo! Se siente uno con ellos seguro en el sol de la estación fría, como hecho ya monumento immortal, y se anda con ruido, y se lleva sin peso la ropa de invierno, y hasta echaría uno un pulso con León, Platero, o con el Manquito, el mozo de los coches . . .

she lifts both her slender beautiful legs, the gray tights making them appear to be longer.

Now, Platero, from the bareness of the boughs, the birds will see us through the golden leaves as we saw them among the green leaves in springtime. The sweet song they formerly sang up among the leaves has turned, below, into such a dry, drawn-out prayer!

Do you see the countryside, Platero, all full of dry leaves? When we return this way next Sunday, you won't see a single one. I don't know where they go to die. The birds, in their love for springtime, must have told them the secret of that beautiful, hidden death, which neither you nor I will have, Platero. . . .

CV: Pine Seeds

Here, in the sunshine of the Calle Nueva, comes the little girl with the pine seeds. She has raw and roasted ones. I'm going to buy from her, for you and for me, Platero, a dime's worth of toasted pine seeds.

November superimposes winter and summer in gold and blue days. The sun is hot, and one's veins swell like leeches, round and blue. . . . Down the white, calm, clean streets go the cloth vendor from La Mancha with his gray bundle on his shoulder, and the ironmonger from Lucena, all laden down with yellow light, ringing his bell, which gathers sunlight into every sound. . . . And slowly, hugging the wall, painting a broad charcoal stripe on the whitewash, bent under her basket, the girl from La Arena, who proclaims in long, heartfelt cries: "Get your toasted pine seeds!"

Lovers eat them together in doorways, exchanging selected kernels amid flaming smiles. The children on their way to school crack them open with a stone on thresholds. . . . I recall that, when I was a boy, we'd go to Mariano's orange grove at Los Arroyos on winter afternoons. We'd take along a kerchief full of toasted pine seeds, and my greatest thrill was to carry the knife we opened them with, a knife with a mother-of-pearl handle in the shape of a fish, with two little ruby eyes to match, through which you could see the Eiffel Tower. . . .

What a good taste toasted pine seeds leave in the mouth, Platero! They give you a lift, they make you optimistic! With them you feel secure in the sunshine of the cold season, as if already transformed into an immortal monument, and you walk about noisily, and you wear your winter clothing weightlessly, and you'd even try arm wrestling with León, Platero, or with El Manquito, the groom of the coaches. . . .

CVI: El toro huido

Cuando llego yo, con Platero, al naranjal, todavía la sombra está en la cañada, blanca de la uña de león con escarcha. El sol aún no da oro al cielo incoloro y fúlgido, sobre el que la colina de chaparros dibuja sus más finas aulagas . . . De vez en cuando, un blando rumor, ancho y prolongado, me hace alzar los ojos. Son los estorninos que vuelven a los olivares, en largos bandos, cambiando en evoluciones ideales . . .

Toca las palmas . . . El eco . . . ¡Manuel! . . . Nadie . . . De pronto, un rápido rumor grande y redondo . . . El corazón late con un presentimiento de todo su tamaño. Me escondo, con Platero, en la higuera vieja . . .

Sí, ahí va. Un toro colorado pasa, dueño de la mañana, olfateando, mugiendo, destrozando por capricho lo que encuentra. Se para un momento en la colina y llena el valle, hasta el cielo, de un lamento corto y terrible. Los estorninos, sin miedo, siguen pasando con un rumor que el latido de mi corazón ahoga, sobre el cielo rosa.

En una polvareda, que el sol que asoma ya, toca de cobre, el toro baja, entre las pitas, al pozo. Bebe un momento, y luego, soberbio, campeador, mayor que el campo, se va, cuesta arriba, los cuernos colgados de despojos de vid, hacia el monte, y se pierde, al fin, entre los ojos ávidos y la deslumbrante aurora, ya de oro puro.

CVII: Idilio de noviembre

Cuando, anochecido, vuelve Platero del campo con su blanda carga de ramas de pino para el horno, casi desaparece bajo la amplia verdura rendida. Su paso es menudo, unido, como el de la señorita del circo en el alambre, fino, juguetón . . . Parece que no anda. En punta las orejas, se diría un caracol debajo de su casa.

Las ramas verdes, ramas que, erguidas, tuvieron en ellas el sol, los chamarices, el viento, la luna, los cuervos —¡qué horror! ¡ahí han estado, Platero!—, se caen, pobres, hasta el polvo blanco de las sendas secas del crepúsculo.

Una fría dulzura malva lo nimba todo. Y en el campo, que va ya a diciembre, la tierna humildad del burro cargado empieza, como el año pasado, a parecer divina . . .

CVI: The Runaway Bull

When I arrive at the orange grove with Platero, there's still shade in the ravine, which is white with the hoarfrost-coated "lion's claw" plants. The sun is not yet lending gold to the colorless, glowing sky, against which the ilex-covered hill outlines its most delicate gorse. . . . Every so often, a soft sound, broad and prolonged, makes me raise my eyes. It's the starlings returning to the olive groves, in long flocks, veering in ideal formations. . . .

I clap my hands. . . . The echo. . . . Manuel! . . . No one. . . . Suddenly a rapid sound, big, full. . . . My heart beats with a foreboding of its full magnitude. I hide in the old fig tree, with Platero. . . .

Yes, there he goes. A red bull passes, lord of the morning, snuffling, bellowing, capriciously destroying everything he encounters. He halts on the hill for a moment and fills the valley, up to the sky, with a brief, awesome lament. The fearless starlings continue to fly by with a sound that the beating of my heart drowns out, against the pink sky.

In a cloud of dust, which the sun, by now emerging, touches with copper, the bull descends through the agaves to the well. He drinks for a moment and then, like a haughty champion, larger than the countryside, he departs uphill, some remnants of grapevine hooked in his horns, until he reaches the high forest and is finally lost to view, amid eager eyes and dazzling dawn, now of pure gold.

CVII: November Idyll

When, at nightfall, Platero returns from the countryside with his soft load of pine boughs for the stove, he nearly disappears beneath the ample, submissive greenery. He takes small, regular steps, like the young circus lady on the tightrope, delicate, playful steps. . . . he doesn't seem to be walking. His ears erect, you'd think he was a snail under its shell.

The green boughs, boughs which, when erect, contained in them sunlight, greenfinches, wind, moon, crows—what a pity! they were here, Platero!—fall in their misery onto the white dust of the dry twilight paths.

A cold mauve sweetness sets a halo around everything. And in the countryside, which is now approaching December, the tender humility of the laden donkey begins, as it did last year, to appear divine. . . .

CVIII: La yegua blanca

Vengo triste, Platero . . . Mira; pasando por la calle de las Flores, ya
en la Portada, en el mismo sitio en que el rayo mató a los dos niños
gemelos, estaba muerta la yegua blanca del Sordo. Unas chiquillas casi
desnudas la rodeaban silenciosas.

Purita, la costurera, que pasaba, me ha dicho que el Sordo llevó esta
mañana la yegua al moridero, harto ya de darle de comer. Ya sabes que
la pobre era tan vieja como don Julián y tan torpe. No veía, ni oía, y
apenas podía andar . . . A eso del mediodía la yegua estaba otra vez en
el portal de su amo. Él, irritado, cogió un rodrigón y la quería echar a
palos. No se iba. Entonces le pinchó con la hoz. Acudió la gente y,
entre maldiciones y bromas, la yegua salió, calle arriba, cojeando,
tropezándose. Los chiquillos la seguían con piedras y gritos . . . Al fin,
cayó al suelo y allí la remataron. Algún sentimiento compasivo revoló
sobre ella. —¡Dejadla morir en paz!—, como si tú o yo hubiésemos es-
tado allí, Platero, pero fue como una mariposa en el centro de un ven-
daval.

Todavía, cuando la he visto, las piedras yacían a su lado, fría ya ella
como ellas. Tenía un ojo abierto del todo que, ciego en su vida, ahora
que estaba muerta parecía como si mirara. Su blancura era lo que iba
quedando de luz en la calle oscura, sobre la que el cielo del anochecer,
muy alto con el frío, se aborregaba todo de levísimas nubecillas de
rosa . . .

CIX: Cencerrada

Verdaderamente, Platero, que estaban bien. Doña Camila iba vestida
de blanco y rosa, dando lección, con el cartel y el puntero, a un co-
chinito. Él, Satanás, tenía un pellejo vacío de mosto en una mano y
con la otra le sacaba a ella de la faltriquera una bolsa de dinero. Creo
que hicieron las figuras Pepe el Pollo y Concha la Mandadera que se
llevó no sé qué ropas viejas de mi casa. Delante iba Pepito el
Retratado, vestido de cura, en un burro negro, con un pendón.
Detrás, todos los chiquillos de la calle de Enmedio, de la calle de la
Fuente, de la Carretería, de la plazoleta de los Escribanos, del calle-
jón de tío Pedro Tello, tocando latas, cencerros, peroles, almireces,
gangarros, calderos, en rítmica armonía, en la luna llena de las calles.

Ya sabes que doña Camila es tres veces viuda y que tiene sesenta
años, y que Satanás, viudo también, aunque una sola vez, ha tenido

CVIII: The White Mare

I'm sad, Platero. . . . Look: when I went down the Calle de las Flores, already at La Portada, in the same place where lightning killed the twin boys, El Sordo's white mare was dead. A few little girls, almost naked, encircled her in silence.

Purita, the seamstress, who was passing by, told me that this morning El Sordo brought the mare to the place where animals are left to die; he was tired of feeding her by now. You know that the poor thing was as old as Don Julián, and just as clumsy. She couldn't see or hear, and could hardly walk. . . . Around noon the mare was back at her master's main gate. In his irritation he picked up a stake for propping plants and began beating her. She wouldn't budge. Then he pricked her with his sickle. People came over and, amid curses and jokes, the mare set out up the street, limping and stumbling. The little children pursued her with stones and cries. . . . Finally she fell to the ground, where they finished her off. Some feeling of compassion fluttered over her. "Let her die in peace!" As if you or I had been there, Platero, but it was like a butterfly in the eye of a hurricane.

When I saw her, the stones were still lying beside her, she already as cold as they. She had one eye completely open, which, blind while she was alive, now that she was dead appeared to be sighted. Her whiteness was all the light that lingered in the dark street, above which the sky of nightfall, every high with the cold, was made fleecy all over with very light, pink, mackerel clouds. . . .

CIX: A Shivaree

They really looked good, Platero. Doña Camila was dressed in white and pink, giving a lesson, with the primer and the pointer, to a little pig. He, Satanás, had an empty skin for new wine in one hand and with the other was fishing a purse out of her pocket. I think the figures were made by Pepe el Pollo and Concha la Mandadera, who got some old things from my house. Pepito el Retratado led the way, dressed as a priest, on a black donkey, with a pennant. Behind came all the little children from the Calle de Enmedio, the Calle de la Fuente, the Carretería, the Plazoleta de los Escribanos, and from "uncle" Pedro Tello's lane, banging on tins, cowbells, saucepans, mortars, noisemakers, cauldrons, in rhythmic harmony, in the streets lit by the full moon.

You know that Doña Camila was widowed three times and that she's sixty, and that Satanás, also a widower, but with just one dead wife, has had the

tiempo de consumir el mosto de setenta vendimias. ¡Habrá que oírlo
esta noche detrás de los cristales de la casa cerrada, viendo y oyendo
su historia y la de su nueva esposa, en efigie y en romance!

Tres días, Platero, durará la cencerrada. Luego, cada vecina se irá
llevando del altar de la plazoleta, ante el que, alumbradas las imá-
genes, bailan los borrachos, lo que es suyo. Luego seguirá unas noches
más el ruido de los chiquillos. Al fin, sólo quedarán la luna llena y el
romance . . .

CX: Los gitanos

Mírala, Platero. Ahí viene, calle abajo, en el sol de cobre, derecha, en-
hiesta, a cuerpo, sin mirar a nadie . . . ¡Qué bien lleva su pasada
belleza, gallarda todavía, como en roble, el pañuelo amarillo de talle,
en invierno, y la falda azul de volantes, lunareada de blanco! Va al
Cabildo, a pedir permiso para acampar, como siempre, tras el ce-
menterio. Ya recuerdas los tenduchos astrosos de los gitanos, con sus
hogueras, sus mujeres vistosas, y sus burros moribundos, mordisque-
ando la muerte, en derredor.

¡Los burros, Platero! ¡Ya estarán temblando los burros de la Friseta,
sintiendo a los gitanos desde los corrales bajos! —Yo estoy tranquilo
por Platero, porque para llegar a su cuadra tendrían los gitanos que
saltar medio pueblo y, además, porque Rengel, el guarda, me quiere
y lo quiere a él—. Pero, por amedrentarlo en broma, le digo, ahue-
cando y poniendo negra la voz:

—¡Adentro, Platero, adentro! ¡Voy a cerrar la cancela, que te van a
llevar!

Platero, seguro de que no lo robarán los gitanos, pasa, trotando, la
cancela, que se cierra tras él con duro estrépito de hierro y cristales, y
salta y brinca, del patio de mármol al de las flores y de éste al corral,
como una flecha, rompiendo —¡brutote!—, en su corta fuga, la
enredadera azul.

CXI: La llama

Acércate más, Platero. Ven . . . Aquí no hay que guardar etiquetas. El
casero se siente feliz a tu lado, porque es de los tuyos. Alí, su perro, ya
sabes que te quiere. Y yo ¡no te digo nada, Platero! . . . ¡Qué frío hará
en el naranjal! Ya oyes a Raposo: ¡Dioj quiá que no je queme nesta
noche muchaj naranja!

time to consume the new wine of seventy harvests. It would be something to hear him tonight behind the windows of the locked house, as he sees and hears his history and that of his new bride, in effigy and ballad!

The shivaree will last three days, Platero. Then every local woman will take her own belongings back from the altar in the little square, in front of which, with the illuminated images, the drunkards are dancing. Then the noise made by the little ones will continue a few nights more. Finally, only the full moon and the ballad will remain. . . .

CX: The Local Gypsies

Look at her, Platero. Here she comes down the street in the copper sunlight, walking straight ahead, standing tall, without jacket or shawl, not looking at anyone. . . . How well she wears her former beauty, still elegant, as if made of oak, the yellow shawl around her waist, in winter, and the blue skirt with flounces and white polka dots! She's going to the town hall to ask permission to camp behind the cemetery, as always. You remember those shabby little tents the Gypsies put up, with their bonfires, their flashy women, and their moribund donkeys, nibbling death, all around.

The donkeys, Platero! Now the donkeys at La Friseta must be shivering, hearing the Gypsies from their low-lying yards! My mind is at ease as regards Platero, because to reach his stable the Gypsies would have to leap over half of town, and furthermore because Rengel, the caretaker, likes me and I like him. But, to scare him as a joke, I say, deepening my voice and making it sinister:

"Inside, Platero, inside! I'm going to lock the patio grille, because they're out to get you!"

Platero, sure that the Gypsies won't steal him, passes by the grille at a trot; it closes behind him with a harsh clatter of iron and glass, and he leaps and frisks, from the marble patio to the one with flowers and from that one to the yard, like an arrow, breaking the blue-blossomed clinging vine in his brief dash—the big brute!

CXI: The Flame

Come closer, Platero. Come. . . . You don't need to stand on ceremony here. The groundskeeper is happy in your company, because he's a friend of yours. Ali, his dog, loves you, you know. And as for me, what is there to say, Platero? . . . How cold it must be in the orange grove! You hear Raposo: "May it please God that not many oranges freeze tonight!"

¿No te gusta el fuego, Platero? No creo que mujer desnuda alguna pueda poner su cuerpo con la llamarada. ¿Qué caballera suelta, qué brazos, qué piernas resistirían la comparación con estas desnudeces ígneas? Tal vez no tenga la naturaleza muestra mejor que el fuego. La casa está cerrada y la noche fuera y sola; y, sin embargo, ¡cuánto más cerca que el campo mismo estamos, Platero, de la naturaleza, en esta ventana abierta al antro plutónico! El fuego es el universo dentro de casa. Colorado e interminable, como la sangre de una herida del cuerpo, nos calienta y nos da hierro, con todas las memorias de la sangre.

¡Platero, qué hermoso es el fuego! Mira cómo Alí, casi quemándose en él, lo contempla con sus vivos ojos abiertos. ¡Qué alegría! Estamos envueltos en danzas de oro y danzas de sombras. La casa toda baila, y se achica y se agiganta en juego fácil, como los rusos. Todas las formas surgen de él, en infinito encanto: ramas y pájaros, el león y el agua, el monte y la rosa. Mira; nosotros mismos, sin quererlo, bailamos en la pared, en el suelo, en el techo.

¡Qué locura, qué embriaguez, qué gloria! El mismo amor parece muerte aquí, Platero.

CXII: Convalecencia

Desde la débil iluminación amarilla de mi cuarto de convaleciente, blando de alfombras y tapices, oigo pasar por la calle nocturna, como en un sueño con relente de estrellas, ligeros burros que retornan del campo, niños que juegan y gritan.

Se adivinan cabezotas oscuras de asnos, y cabecitas finas de niños que, entre los rebuznos, cantan, con cristal y plata, coplas de Navidad. El pueblo se siente envuelto en una humareda de castañas tostadas, en un vaho de establos, en un aliento de hogares en paz . . .

Y mi alma se derrama, purificadora, como si un raudal de aguas celestes le surtiera de la peña en sombra del corazón. ¡Anochecer de redenciones! ¡Hora íntima, fría y tibia a un tiempo, llena de claridades infinitas!

Las campanas, allá arriba, allá fuera, repican entre las estrellas. Contagiado, Platero rebuzna en su cuadra, que, en este instante de cielo cercano, parece que está muy lejos . . . Yo lloro, débil, conmovido y solo, igual que Fausto. . . .

Don't you like the fire, Platero? I don't think any nude woman can compare her body with a big blaze. What undone hair, what arms, what legs could compete against that fiery nudity? Perhaps there's no finer show in nature than fire. The house is locked and the night is alone outside; nevertheless, how much closer we are to nature, Platero, than the countryside itself, at this window open to Pluto's cavern! Fire is the universe inside a house. Red and endless, like the blood from a bodily wound, it warms us and steels us, with all the memories of the blood.

Platero, how beautiful the fire is! See how Ali, almost burning himself in it, studies it with his open, alert eyes. What joy! We're enveloped in dances of gold and dances of shadows. The whole house is dancing, growing small and large in an easy interplay, the way the members of the Russian Ballet do. All forms arise from the fire, in infinite enchantment: boughs and birds, the lion and the water, the mountain and the rose. Look: we ourselves, involuntarily, are dancing on the wall, on the floor, on the ceiling.

What madness, what intoxication, what glory! Love itself appears like death here, Platero.

CXII: Convalescence

From the room where I am convalescing, with its weak yellow lighting, in its softness of carpets and tapestries, I hear walking down the night street, as in a star-bedewed dream, lightfooted donkeys returning from the fields, children playing and shouting.

I can guess at big dark donkeys' heads and the little delicate heads of children who are singing Christmas carols in crystal, silver voices, amid the braying. The town feels enveloped in the smoke of roast chestnuts, in the vapor from stables, in the atmosphere of peaceful hearths. . . .

And my soul is poured out, purifyingly, as if a torrent of heavenly waters were gushing from its rock in the heart's shade. A nightfall of redemptions! An hour that is intimate, cold and warm all at the same time, filled with infinite brightness!

The church bells up there, out there, peal amid the stars. Catching the infection, Platero brays in his stable, which in this moment when heaven is near, seems to be very far. . . . I weep in my weakness, touched, lonely, just like Faust.[21]

---

21. Goethe's Faust weeps when Easter bells keep him from taking poison: "My tears flow, the earth has me again!"

CXIII: El burro viejo

> . . . En fin, anda tan cansado
> que a cada passo se pierde . . .
> (*El potro rucio del Alcayde de los Vélez.*)
> ROMANCERO GENERAL

No sé cómo irme de aquí, Platero, ¿Quién lo deja ahí al pobre, sin guía y sin amparo?

Ha debido salirse del moridero. Yo creo que no nos oye ni nos ve. Ya lo viste esta mañana en ese mismo vallado, bajo las nubes blancas, alumbrada su seca miseria mohína, que llenaban de islas vivas las moscas, por el sol radiante, ajeno a la belleza prodigiosa del día de invierno. Daba una lenta vuelta, como sin oriente, cojo de todas las patas y se volvía otra vez al mismo sitio. No ha hecho más que mudar de lado. Esta mañana miraba al poniente y ahora mira al naciente.

¡Qué traba la de la vejez, Platero! Ahí tienes a ese pobre amigo, libre y sin irse, aun viniendo ya hacia él la primavera. ¿O es que está muerto, como Bécquer, y sigue de pie, sin embargo? Un niño podría dibujar su contorno fijo, sobre el cielo del anochecer.

Ya lo ves . . . Lo he querido empujar y no arranca . . . Ni atiende a las llamadas . . . Parece que la agonía lo ha sembrado en el suelo . . .

Platero, se va a morir de frío en ese vallado alto, esta noche, pasado por el norte . . . No sé cómo irme de aquí; no sé qué hacer, Platero . . .

CXIV: El alba

En las lentas madrugadas de invierno, cuando los gallos alertas ven las primeras rosas del alba y las saludan galantes, Platero, harto de dormir, rebuzna largamente. ¡Cuán dulce su lejano despertar, en la luz celeste que entra por las rendijas de la alcoba! Yo, deseoso también del día, pienso en el sol desde mi lecho mullido.

Y pienso en lo que habría sido del pobre Platero, si en vez de caer en mis manos de poeta hubiese caído en las de uno de esos carboneros que van, todavía de noche, por la dura escarcha de los caminos solitarios, a robar los pinos de los montes, o en las de uno de esos gitanos

CVIII: The Old Donkey

> . . . Finally he proceeds so wearily
> that he loses his way at every step. . . .
> ("The Red Colt of the Governor of the Vélez.")
> GENERAL BALLAD COLLECTION

I don't know how to get away from here. Who left the poor thing there with no guide or protection?

He must have escaped from the death-grounds. I don't think he hears or sees us. You saw him this morning on that same bank, under the white clouds, his dry, gloomy misery, which the flies were filling with living islands, illuminated by the radiant sun, alienated from the prodigious beauty of the winter day. He walked around slowly, as if without orientation, lame in every leg, and returned to the same spot again. All he did was change direction. This morning he was looking west and now he's looking east.

What a hindrance old age is, Platero! There you have that poor friend, free yet not departing, even though springtime is approaching him. Or is he already dead, as Bécquer[22] said about himself, and merely standing up all the same? A child could draw his unmoving silhouette against the sky of nightfall.

You see him. . . . I tried to push him but he doesn't budge. . . . He pays no attention to shouts. . . . It looks as if his death throes had planted him in the ground. . . .

Platero, he'll die of cold on that high bank, tonight, pierced by the north wind. . . . I don't know how to get away from here; I don't know what to do, Platero. . . .

CXIV: Dawn

In the slow winter dawns, when the alert roosters see the first roses of daybreak and greet them gallantly, Platero, fed up with sleep, gives a long bray. How sweet his distant awakening, in the sky-blue light that enters through the shutter slits of my bedroom! I, also desirous of the day, think about the sunshine while in my downy bed.

And I think about what would have become of poor Platero if, instead of falling into my poetic hands, he had fallen into those of one of the charcoal burners who walk, while it is still night, over the hard hoarfrost of the lonely roads, to steal pines from the high forests, or into those of one of the shabby

---

22. Gustavo Adolfo Bécquer, a favorite poet of Jiménez's (1836–1870).

astrosos que pintan los burros y les dan arsénico y les ponen alfileres en las orejas para que no se les caigan.

Platero rebuzna de nuevo. ¿Sabrá que pienso en él? ¿Qué me importa? En la ternura del amanecer, su recuerdo me es grato como el alba misma. Y, gracias a Dios, él tiene una cuadra tibia y blanda como una cuna, amable como mi pensamiento.

CXV: Florecillas

A MI MADRE

Cuando murió Mamá Teresa, me dice mi madre, agonizó con un delirio de flores. Por no sé qué asociación, Platero, con las estrellitas de colores de mi sueño de entonces, niño pequeñito, pienso, siempre que lo recuerdo, que las flores de su delirio fueron las verbenas, rosas, azules, moradas.

No veo a Mamá Teresa más que a través de los cristales de colores de la cancela del patio, por los que yo miraba azul o grana la luna y el sol, inclinada tercamente sobre las macetas celestes o sobre los arriates blancos. Y la imagen permanece sin volver la cara, —porque yo no me acuerdo cómo era—, bajo el sol de la siesta de agosto o bajo las lluviosas tormentas de setiembre.

En su delirio dice mi madre que llamaba a no sé qué jardinero invisible, Platero. El que fuera, debió llevársela por una vereda de flores, de verbenas, dulcemente. Por ese camino torna ella, en mi memoria, a mí que la conservo a su gusto en mi sentir amable, aunque fuera del todo de mi corazón, como entre aquellas sedas finas que ella usaba, sembradas todas de flores pequeñitas, hermanas también de los heliotropos caídos del huerto y de las lucecillas fugaces de mis noches de niño.

CXVI: Navidad

¡La candela en el campo . . . ! Es tarde de Nochebuena, y un sol opaco y débil clarea apenas en el cielo crudo, sin nubes, todo gris en vez de todo azul, con un indefinible amarillor en el horizonte de poniente . . . De pronto, salta un estridente crujido de ramas verdes que empiezan a arder; luego, el humo apretado, blanco como armiño, y la llama, al fin, que limpia el humo y puebla el aire de puras lenguas momentáneas, que parecen lamerlo.

Gypsies who paint donkeys, give them arsenic, and stick pins in their ears so they don't droop.

Platero brays again. Can he know I'm thinking about him? What does it matter to me? In the tenderness of dawn, the memory of him is as pleasing to me as the daybreak itself. And, thank God, he has a stable soft and warm as a cradle, as loving as my thoughts.

CXV: Little Flowers

TO MY MOTHER

When Grandma Teresa died, my mother tells me, in her death throes she ranted about flowers. Through some association, Platero, with the little colored stars of my dreams in those days, when I was very small, I imagine, whenever I recall it, that the flowers in her delirium were verbenas, pink, blue, purple.

I only see Grandma Teresa through the colored panes of the patio grille, through which I used to see the moon and sun blue or scarlet; I see her bent obstinately over the sky-blue flowerpots or the white flowerbeds. And her image persists without turning its face (because I don't remember what she looked like) under the sun of the hottest part of an August day or under the rainstorms of September.

My mother says that in her delirium she called to some invisible gardener, Platero. Whoever he was, he must have led her down a flowery path, of verbenas, sweetly. On that road she turns in my memory to me, and I preserve her as she would wish in my loving emotion, though altogether outside my heart, as if among those fine silks she wore, dotted all over with tiny flowers, themselves sisters to the fallen heliotropes in the garden and the little fleeting lights of my boyhood nights.

CXVI: Christmas

Fire in the field! . . . It's the afternoon of Christmas Eve, and an opaque, feeble sun barely shines in the raw, cloudless sky, all gray instead of all blue, with an undefinable yellowness on the western horizon. . . . Suddenly there leaps up a strident crackling of green branches beginning to burn; then, the thick smoke, white as ermine, and finally the flame, which clears the smoke and peoples the air with momentary pure tongues that seem to lick it.

¡Oh la llama en el viento! Espíritus rosados, amarillos, malvas, azules, se pierden no sé dónde, taladrando un secreto cielo bajo; ¡y dejan un olor de ascua en el frío! ¡Campo, tibio ahora, de diciembre! ¡Invierno con cariño! ¡Nochebuena de los felices!

Las jaras vecinas se derriten. El paisaje, a través del aire caliente, tiembla y se purifica como si fuese de cristal errante. Y los niños del casero, que no tienen Nacimiento, se vienen alrededor de la candela, pobres y tristes, a calentarse las manos arrecidas, y echan en las brasas bellotas y castañas, que revientan, en un tiro.

Y se alegran luego, y saltan sobre el fuego que ya la noche va enrojeciendo, y cantan:

> . . . Camina, María,
> camina, José . . .

Yo les traigo a Platero, y se lo doy, para que jueguen con él.

CXVII: La calle de la Ribera

Aquí, en esta casa grande, hoy cuartel de la guardia civil, nací yo, Platero. ¡Cómo me gustaba de niño y qué rico me parecía este pobre balcón, mudéjar a lo maestro Garfia, con sus estrellas de cristales de colores! Mira por la cancela, Platero; todavía las lilas, blancas y lilas, y las campanillas azules engalanan, colgando, la verja de madera, negra por el tiempo, del fondo del patio, delicia de mi edad primera.

Platero, en esta esquina de la calle de las Flores se ponían por la tarde los marineros, con sus trajes de paño de varios azules, en hazas, como el campo de octubre. Me acuerdo que me parecían inmensos; que, entre sus piernas, abiertas por la costumbre del mar, veía yo, allá abajo, el río, con sus listas paralelas de agua y de marisma, brillantes aquéllas, secas éstas y amarillas; con un lento bote en el encanto del otro brazo del río; con las violentas manchas coloradas en el cielo del poniente . . . Después mi padre se fue a la calle Nueva, porque los marineros andaban siempre navaja en mano, porque los chiquillos rompían todas las noches la farola del zaguán y la campanilla y porque en la esquina hacía siempre mucho viento . . .

Desde el mirador se ve el mar. Y jamás se borrará de mi memoria aquella noche en que nos subieron a los niños todos, temblorosos y ansiosos, a ver el barco inglés aquel que estaba ardiendo en la Barra. . . .

Oh, the flame in the wind! Pink, yellow, mauve, blue spirits losing themselves I know not where, drilling a secret low sky; and they leave a smell of embers in the cold! Fields of December, warm now! Winter with affection! Christmas Eve of the happy!

The nearby rockroses melt. The landscape, seen through the heated air, trembles and is purified as if it were made of wandering crystal. And the groundskeeper's children, who have no model Nativity scene, gather around the fire, poor and sad, to warm their frozen-stiff hands, and they toss onto the coals acorns and chestnuts, which explode with a bang.

And then they cheer up, and leap over the fire, which the night is now reddening, as they sing:

> . . . Journey, Mary,
> journey, Joseph . . .

I lead Platero to them and give him to them, so they can play with him.

CXVII: The Calle de la Ribera

Here, in this big house, today the Civil Guard barracks, I was born, Platero. How I liked it when I was little, and how wonderful I thought this poor balcony, in the architect Garfia's best Moorish style, with its stars of multicolored panes! Look through the patio grille, Platero; the lilacs, white and lilac, and the blue bellflowers are still clinging adornments of the wooden fence, blackened by time, at the far end of the patio, the delight of my earliest years.

Platero, on that corner of the Calle de las Flores the sailors would gather in the afternoon, with their broadcloth suits of various shades of blue divided into sections, like field plots in October. I recall that they seemed gigantic to me; that between their legs, spread wide from walking on shipboard, I could see, there below, the river with its parallel stripes of water and salt marsh, the former shining, the latter dry and yellow; with a slow boat on the enchantment of the other arm of the river; with the violent red blotches in the western sky . . . Afterward, my father moved to the Calle Nueva, because the sailors always went around with a knife in their hands, because the little children broke the lamp and doorbell in the entranceway every night, and because there was always too much wind on the corner. . . .

From the bay window you can see the ocean. And there will never be blotted from my memory that night when all of us children, trembling and anxious, were taken upstairs to see the English vessel that was burning at the bar. . . .

CXVIII: El invierno

Dios está en su palacio de cristal. Quiero decir que llueve, Platero. Llueve. Y las últimas flores que el otoño dejó obstinadamente prendidas a sus ramas exangües, se cargan de diamantes. En cada diamante, un cielo, un palacio de cristal, un Dios. Mira esta rosa; tiene dentro otra rosa de agua, y al sacudirla ¿ves?, se le cae la nueva flor brillante, como su alma, y se queda mustia y triste, igual que la mía.

El agua debe ser tan alegre como el sol. Mira, si no, cuál corren felices, los niños, bajo ella, recios y colorados, al aire las piernas. Ve cómo los gorriones se entran todos, en bullanguero bando súbito, en la yedra, en la escuela, Platero, como dice Darbón, tu médico.

Llueve. Hoy no vamos al campo. Es día de contemplaciones. Mira cómo corren las canales del tejado. Mira cómo se limpian las acacias, negras ya y un poco doradas todavía; cómo torna a navegar por la cuneta el barquito de los niños, parado ayer entre la yerba. Mira ahora, en este sol instantáneo y débil, cuán bello el arco iris que sale de la iglesia y muere, en una vaga irisación, a nuestro lado.

CXIX: Leche de burra

La gente va más de prisa y tose en el silencio de la mañana de diciembre. El viento vuelca el toque de misa en el otro lado del pueblo. Pasa vacío el coche de las siete . . . Me despierta otra vez un vibrador ruido de los hierros de la ventana . . . ¿Es que el ciego ha atado a ella otra vez, como todos los años, su burra?

Corren presurosas las lecheras arriba y abajo, con su cántaro de lata en el vientre, pregonando su blanco tesoro en el frío. Esta leche que saca el ciego a su burra es para los catarrosos.

Sin duda, el ciego, como es ciego, no ve la ruina, mayor, si es posible, cada día, cada hora, de su burra. Parece ella entera un ojo ciego de su amo . . . Una tarde, yendo yo con Platero por la cañada de las Ánimas, me vi al ciego dando palos a diestro y siniestro tras la pobre burra que corría por los prados, sentada casi en la yerba mojada. Los palos caían en un naranjo, en la noria, en el aire, menos fuertes que los juramentos que, de ser sólidos, habrían derribado el torreón del Castillo . . . No quería la pobre burra vieja más advientos y se defendía del destino vertiendo en lo infecundo de la tierra como Onán, la dádiva de algún burro desahogado . . . El ciego, que vive su oscura vida vendiendo a los viejos por un cuarto, o por una promesa, dos dedos

CXVIII: Winter

God is in his glass palace. I mean, it's raining, Platero. It's raining. And the last flowers that autumn left stubbornly hanging to their exhausted branches are laden with diamonds. In each diamond, a sky, a glass palace, a God. Look at this rose; it contains another rose of water, and when you shake it (see?), there falls from it the new, brilliant flower, as if it were its soul, and it's left faded and sad, like mine.

The rain must be as jolly as the sunshine. If you don't think so, just see how happily the children run in it, sturdy and flushed, their legs lifted high. See how the sparrows all fly into the ivy in a sudden rowdy flock—into their school, Platero, as your veterinarian Darbón says.

It's raining. Today we won't go out into the country. It's a day for meditation. See how the roof gutters run. See how clean the acacias become, already black but still a little golden; how the children's little boat, yesterday stranded in the grass, once more sails down the curb gutter. See now, in this flash of weak sunshine, how beautiful the rainbow is that issues from the church and dies alongside us, in a vague iridescence.

CXIX: Donkey's Milk

The people are walking faster and coughing in the silence of the December morning. The wind carries the bells' call to mass to the other side of town. The seven-o'clock coach goes by empty. . . . Again I'm awakened by the vibrating noise of the window bars. . . . Did the blind man tie his she-donkey to them again, as he does every year?

The milkmaids run hastily up and down with their brass jugs on their stomachs, advertising their white treasure in the cold. This milk which the blind man draws from his donkey is for people with colds.

No doubt the blind man, being blind, can't see his donkey's declining health, worse every day, every hour, if that's possible. The whole donkey is like one of her master's blind eyes. . . . One afternoon, when Platero and I were in the ravine of Las Ánimas, I saw the blind man aiming blows left and right at the poor donkey, who was running through the meadows, nearly seated on the wet grass. His blows fell on an orange tree, on the waterwheel, on the air; they weren't as strong as his oaths, which, had they been physical things, would have toppled the big tower of the Castle. . . . The poor old donkey didn't want any more Advent seasons and was protecting herself against destiny by pouring onto the infertile ground, like Onan, the gift of some unburdened male donkey. . . . The blind man, who lives his dark life selling old folks two fingers

del néctar de los burrillos, quería que la burra retuviese, de pie, el don fecundo, causa de su dulce medicina.

Y ahí está la burra, rascando su miseria en los hierros de la ventana, farmacia miserable, para todo otro invierno, de viejos fumadores, tísicos y borrachos.

CXX: Noche pura

Las almenadas azoteas blancas se cortan secamente sobre el alegre cielo azul, gélido y estrellado. El norte silencioso acaricia, vivo, con su pura agudeza.

Todos creen que tienen frío y se esconden en las casas y las cierran. Nosotros, Platero, vamos a ir despacio, tú con tu lana y con mi manta, yo con mi alma, por el limpio pueblo solitario.

¡Qué fuerza de adentro me eleva, cual si fuese yo una torre de piedra tosca con remate de plata libre! ¡Mira cuánta estrella! De tantas como son, marean. Se diría el cielo un mundo de niños; que le está rezando a la tierra un encendido rosario de amor ideal.

¡Platero, Platero! Diera yo toda mi vida y anhelara que tú quisieras dar la tuya, por la pureza de esta alta noche de enero, sola, clara y dura!

CXXI: La corona de perejil

¡A ver quién llega antes!

El premio era un libro de estampas, que yo había recibido la víspera, de Viena.

—¡A ver quién llega antes a las violetas! . . . A la una . . . A las dos . . . ¡A las tres!

Salieron las niñas corriendo, en un alegre alboroto blanco y rosa al sol amarillo. Un instante, se oyó en el silencio que el esfuerzo mudo de sus pechos abría en la mañana, la hora lenta que daba el reloj de la torre del pueblo, el menudo cantar de un mosquitito en la colina de los pinos, que llenaban los lirios azules, el venir del' agua en el regato . . . Llegaban las niñas al primer naranjo, cuando Platero, que holgazaneaba por allí, contagiado del juego, se unió a ellas en su vivo correr. Ellas, por no perder, no pudieron protestar, ni reírse siquiera . . .

Yo les gritaba: ¡Que gana Platero! ¡Que gana Platero!

of baby donkey's nectar for a small coin or an credit, wanted his donkey to remain standing and retain the fertile gift that produced his sweet medicine.

And here is the donkey, scratching her lice against my window bars, a wretched pharmacy, another winter long, for old smokers, consumptives, and drunkards.

CXX: A Pure Night

The white, crenellated flat roofs are sharply outlined against the cheerful blue sky, icy and starry. The silent north wind gives lively caresses with its pure keenness.

Everyone thinks he's cold, and hides in his house, which he locks up. We, Platero, will take a slow walk, you with your natural coat and my blanket, and I with my soul, through the clear, lonely town.

What an inner force uplifts me, as if I were a tower of rude stone with a free silver finial! See how many stars are out! There are so many, they make you dizzy. You'd think the sky was a world of children; that it was praying to the earth with a flaming rosary of ideal love.

Platero, Platero! I'd give my whole life and I'd long for you to want to give yours, in exchange for the purity of this deep January night, lonely, bright, and firm!

CXXI: The Parsley Wreath

"Who'll get there first?"

The prize was a picture book I had received from Vienna the day before.

"Who'll reach the violets first? . . . One . . . two . . . three!"

The girls set out at a run, in a merry white-and-pink hubbub in the yellow sunshine. At one moment, in the silence that the noiseless effort of their bosoms opened onto the morning, there was heard the slow hour-count given by the clock on the town tower, the rapid song of a tiny finch on the hill of pines, which was filled with blue irises and the approach of the water in the stream. . . . The girls were at the level of the first orange tree when Platero, who had been idling in that vicinity, caught the spirit of the game and joined them in their lively dash. To keep from losing, they refrained from protesting, or even laughing. . . .

I was yelling to them: "Platero is winning! Platero is winning!"

Sí, Platero llegó a las violetas antes que ninguna, y se quedó allí, revolcándose en la arena. Las niñas volvieron protestando sofocadas, subiéndose las medias, cogiéndose el cabello: —¡Eso no vale! ¡Eso no vale! ¡Pues no! ¡Pues no! ¡Pues no, ea!

Les dije que aquella carrera la había ganado Platero y que era justo premiarlo de algún modo. Que bueno, que el libro, como Platero no sabía leer, se quedaría para otra carrera de ellas, pero que a Platero había que darle un premio.

Ellas, seguras ya del libro, saltaban y reían, rojas: ¡Sí! ¡Sí! ¡Sí!

Entonces, acordándome de mí mismo, pensé que Platero tendría el mejor premio en su esfuerzo, como yo en mis versos. Y cogiendo un poco de perejil del cajón de la puerta de la casera, hice una corona, y se la puse en la cabeza, honor fugaz y máximo, como a un lacedemonio.

CXXII: Los Reyes Magos

¡Qué ilusión, esta noche, la de los niños, Platero! No era posible acostarlos. Al fin, el sueño los fue rindiendo, a uno en una butaca, a otro en el suelo, al arrimo de la chimenea, a Blanca en una silla baja, a Pepe en el poyo de la ventana, la cabeza sobre los clavos de la puerta, no fueran a pasar los Reyes . . . Y ahora, en el fondo de esta afuera de la vida, se siente como un gran corazón pleno y sano, el sueño de todos, vivo y mágico.

Antes de la cena, subí con todos. ¡Qué alboroto por la escalera, tan medrosa para ellos otras noches! —A mí no me da miedo de la montera, Pepe, ¿y a ti?, decía Blanca, cogida muy fuerte de mi mano. —Y pusimos en el balcón, entre las cidras, los zapatos de todos. Ahora, Platero, vamos a vestirnos Montemayor, Tita, María Teresa, Lolilla, Perico, tú y yo, con sábanas y colchas y sombreros antiguos. Y a las doce, pasaremos ante la ventana de los niños en cortejo de disfraces y de luces, tocando almireces, trompetas y el caracol que está en el último cuarto. Tú irás delante conmigo, que seré Gaspar y llevaré unas barbas blancas de estopa, y llevarás, como un delantal, la bandera de Colombia, que he traído de casa de mi tío, el cónsul . . . Los niños, despertados de pronto, con el sueño colgado aún, en jirones, de los ojos asombrados, se asomarán en camisa a los cristales temblorosos y maravillados. Después, seguiremos en su sueño toda la madrugada, y

Yes, Platero reached the violets before any of the girls, and remained there, wallowing in the sand.

The girls returned, protesting breathlessly, pulling up their stockings, straightening their hair: "That doesn't count! That doesn't count! No, no, and no, so there!"

I told them that Platero had won that race, and it was only fair to reward him in some way. Of course, since Platero couldn't read, the book would be held in reserve for another race of theirs, but Platero had to be given a prize.

Now sure of getting the book, they were hopping and laughing, all flushed. Yes, yes, yes!

Then, recalling my own circumstances, I had the idea that Platero's finest reward would be in his own effort, just as mine is in my poetry. And, picking a little parsley from the big box at the door of the groundskeeper's wife, I made a wreath and placed it on his head, an impermanent honor, yet the highest, as if he were an ancient Spartan.

CXXII: The Magi

How expectant the children were tonight, Platero! It was impossible to get them to bed. Finally, sleep overtook them, one in an armchair, one on the floor, leaning against the fireplace. Blanca in a low chair, Pepe on the stone bench by the window, his head on the studs in the door, so the Magi couldn't get in without his knowledge. . . . And now, in the background of these outskirts of life, you can hear the living, magical slumber of them all, like a big, full, healthy heart.

Before supper I went upstairs with all of them. What a racket on the staircase, which frightens them so on other nights! "I'm not scared of the skylight, Pepe; what about you?" Blanca was saying, holding onto my hand very tightly. And we put each one's shoes on the balcony, among the citrons. Now, Platero, we'll get dressed up, Montemayor, Tita, María Teresa, Lolilla, Perico, you, and I, in sheets, counterpanes, and old-fashioned hats. And at twelve we'll walk past the children's window in an illuminated mummers' parade, playing on mortars, trumpets, and the conch that's in the furthest room. You'll walk in front with me; I'll be Gaspar and I'll wear a white tow beard, and you'll wear as an apron the Colombian flag I brought from the house of my uncle, the consul. . . . The children, suddenly awakened, with sleep still hanging in tatters from their amazed eyes, will come to the window in their nightshirts, trembling and dumbfounded. Afterward, we'll remain in their dreams all morning, and tomorrow, when, at a late hour, the blue sky dazzles them

mañana, cuando ya tarde, los deslumbre el cielo azul por los postigos, subirán, a medio vestir, al balcón y serán dueños de todo el tesoro. El año pasado nos reímos mucho. ¡Ya verás cómo nos vamos a divertir esta noche, Platero, camellito mío!

CXXIII: *Mons-urium*

El Monturrio, hoy. Las colinitas rojas, más pobres cada día por la cava de los areneros, que, vistas desde el mar, parecen de oro y que nombraron los romanos de ese modo brillante y alto. Por él se va, más pronto que por el Cementerio, al Molino de viento. Asoma ruinas por doquiera y en sus viñas los cavadores sacan huesos, monedas y tinajas.

. . . Cólon no me da demasiado bienestar, Platero. Que si paró en mi casa; que si comulgó en Santa Clara, que si es de su tiempo esta palmera o la otra hospedería . . . Está cerca y no va lejos, y ya sabes los dos regalos que nos trajo de América. Los que me gusta sentir bajo mí, como una raíz fuerte, son los romanos, los que hicieron ese hormigón del Castillo que no hay pico ni golpe que arruine, en el que no fue posible clavar la veleta de la Cigüeña, Platero . . .

No olvidaré nunca el día en que, muy niño, supe este nombre: *Mons-urium*. Se me ennobleció de pronto el Monturrio y para siempre. Mi nostalgia de lo mejor, ¡tan triste en mi pobre pueblo!, halló un engaño deleitable. ¿A quién tenía yo que envidiar ya? ¿Qué antigüedad, qué ruina —catedral o castillo— podría ya retener mi largo pensamiento sobre los ocasos de la ilusión? Me encontré de pronto como sobre un tesoro inextinguible. Moguer, Monte de oro, Platero; puedes vivir y morir contento.

CXXIV: El vino

Platero, te he dicho que el alma de Moguer es el pan. No. Moguer es como una caña de cristal grueso y claro, que espera todo el año, bajo el redondo cielo azul, su vino de oro. Llegado setiembre, si el diablo no agua la fiesta, se colma esta copa, hasta el borde, de vino y se derrama casi siempre como un corazón generoso.

Todo el pueblo huele entonces a vino, más o menos generoso, y suena a cristal. Es como si el sol se donara en líquida hermosura y por

through the shutters, they'll go up to the balcony half-dressed, and they'll be masters of the entire treasure.

Last year we had a lot of laughs. You'll see what fun we'll have tonight, Platero, my little camel!

CXXIII: *Mons-urium*

Today it's the Monturrio. The low red hills, more impoverished yearly by the sand dealers' quarrying, which, seen from the ocean, look like gold, and which the Romans gave that brilliant, lofty name. By way of it, it's a faster journey to the windmill than by way of the cemetery. Ruins appear all over it, and in its vineyards the diggers find bones, coins, and amphoras.

. . . Columbus makes me quite uncomfortable, Platero. Did he stop at my house? Did he take communion at Santa Clara? Does this palm tree or that hostelry date from his time? . . . He's nearby and he never goes far away, and you already know the two gifts he brought us from America.[23] The people I enjoy feeling below my feet, like a strong root, are the Romans, those who created that concrete in the Castle which no pickaxe or blow can damage, in which it wasn't possible to embed the stork's weathervane, Platero. . . .

I'll never forget the day when, as a small child, I learned this name: *Mons-urium*. The Monturrio was ennobled for me at once and for all time. My yearning for better things (so sad in my poor town!) encountered a delightful delusion. Whom should I now envy? What antiquity, what ruin—cathedral or castle—could any longer detain my long thoughts over the sunset of hopes? I suddenly found myself like the owner of an inexhaustible treasure. Moguer, Mount of Gold, Platero; you can live and die in contentment.

CXXIV: Wine

Platero, I told you that the soul of Moguer is bread. Wrong. Moguer is like a thick, clear glass tumbler which all year long, under the round blue sky, awaits its golden wine. Come September, if the devil doesn't ruin the party, this glass is filled to the brim with wine and is almost always poured out like a noble heart.

Then the whole town smells of wine, more or less full-bodied, and sounds of clinked glasses. It's as if the sun made a gift of itself in liquid beauty that

---

23. Tobacco and syphilis.

cuatro cuartos, por el gusto de encerrarse en el recinto trasparente del pueblo blanco, y de alegrar su sangre buena. Cada casa es, en cada calle, como una botella en la estantería de Juanito Miguel o del Realista, cuando el poniente las toca de sol.

Recuerdo «La fuente de la indolencia», de Turner que parece pintada toda, en su amarillo limón, con vino nuevo. Así Moguer, fuente de vino que, como la sangre, acude a cada herida suya, sin término; manantial de triste alegría que, igual al sol de abril, sube a la primavera cada año, pero cayendo cada día.

CXXV: La fábula

Desde niño, Platero, tuve un horror instintivo al apólogo, como a la iglesia, a la guardia civil, a los toreros y al acordeón. Los pobres animales, a fuerza de hablar tonterías por boca de los fabulistas, me parecían tan odiosos como en el silencio de las vitrinas hediondas de la clase de Historia natural. Cada palabra que decían, digo, que decía un señor acatarrado, rasposo y amarillo, me parecía un ojo de cristal, un alambre de ala, un soporte de rama falsa. Luego, cuando vi en los circos de Huelva y de Sevilla animales amaestrados, la fábula, que había quedado, como las planas y los premios, en el olvido de la escuela dejada, volvió a surgir como una pesadilla desagradable de mi adolescencia.

Hombre ya, Platero, un fabulista, Jean de La Fontaine, de quien tú me has oído tanto hablar y repetir, me reconcilió con los animales parlantes; y un verso suyo, a veces, me parecía voz verdadera del grajo, de la paloma o de la cabra. Pero siempre dejaba sin leer la moraleja, ese rabo seco, esa ceniza, esa pluma caída del final.

Claro está, Platero, que tú no eres un burro en el sentido vulgar de la palabra, ni con arreglo a la definición del Diccionario de la Academia Española. Lo eres, sí, como yo lo sé y lo entiendo. Tú tienes tu idioma y no el mío, como no tengo yo el de la rosa ni ésta el del ruiseñor. Así, no temas que vaya yo nunca, como has podido pensar entre mis libros, a hacerte héroe charlatán de una fabulilla, trenzando tu expresión sonora con la de la zorra o el jilguero, para luego deducir, en letra cursiva, la moral fría y vana del apólogo. No, Platero . . .

can be purchased cheaply, for the pleasure of enclosing itself in the transparent precincts of the white town and cheering its good blood. Every house on every street is like a bottle on the shelves of Juanito Miguel or the Royalist, when the western sky touches them with sunshine.

I recall Turner's *Fountain of Indolence*, which, in its lemon yellow, seems to be completely painted with new wine. Thus Moguer, a fountain of wine which, like blood, comes flowing to its every wound, with no letup; a source of sad merriment which, like the April sun, rises to the springtime each year, though declining each day.

CXXV: The Fable

Since my childhood, Platero, I've had an instinctive loathing of apologues, as of the church, the Civil Guard, bullfighters, and the accordion. The poor animals, by dint of speaking nonsense as mouthpieces for fable writers, seemed as hateful to me as they do in the silence of the stinking showcases in my natural-history class. Every word they said (I mean, that some rheumy, sharp-tongued, yellow-skinned gentleman said) was to me like a glass eye, a wire in a wing, a prop for a false bough. Then, when I saw trained animals in circuses at Huelva and Seville, the fable, which, like composition paper and prizes, had remained in the oblivion of the school I had left, loomed up again like an unpleasant nightmare of my adolescence.

When I was already an adult, Platero, one fable writer, Jean de La Fontaine, whom you have heard me mention and quote so often, reconciled me to talking animals; and at times a line of his would strike me as being the true voice of the rook, dove, or goat. But I always skipped over the moral, that dry tail, that ash, that fallen feather at the end.

Naturally, Platero, you aren't a donkey in the popular sense of the word, nor in accordance with the definition in the Dictionary of the Spanish Academy. You *are* one as I know and understand it. You have your language and not mine, just as I don't have the rose's, or the rose the nightingale's. And so, don't be afraid that, as you may have imagined from my books, I'll ever make you the charlatan hero of a little fable, braiding your vocal expression with the fox's or the goldfinch's, inorder then to deduce, in italics, the cold, futile moral of the apologue. No, Platero. . . .

CXXVI: Carnaval

¡Qué guapo está hoy Platero! Es lunes de Carnaval, y los niños, que se han disfrazado vistosamente de toreros, de payasos y de majos, le han puesto el aparejo moruno, todo bordado, en rojo, verde, blanco y amarillo, de recargados arabescos.

Agua, sol y frío. Los redondos papelillos de colores van rodando paralelamente por la acera, al viento agudo de la tarde, y las máscaras, ateridas, hacen bolsillos de cualquier cosa para las manos azules.

Cuando hemos llegado a la plaza, unas mujeres vestidas de locas, con largas camisas blancas, coronados los negros y sueltos cabellos con guirnaldas de hojas verdes, han cogido a Platero en medio de su corro bullanguero y, unidas por las manos, han girado alegremente en torno de él.

Platero, indeciso, yergue las orejas, alza la cabeza y, como un alacrán cercado por el fuego, intenta, nervioso, huir por doquiera. Pero, como es tan pequeño, las locas no le temen y siguen girando, cantando y riendo a su alrededor. Los chiquillos, viéndolo cautivo, rebuznan para que él rebuzne. Toda la plaza es ya un concierto altivo de metal amarillo, de rebuznos, de risas, de coplas, de panderetas y de almireces . . .

Por fin, Platero, decidido igual que un hombre, rompe el corro y se viene a mí trotando y llorando, caído el lujoso aparejo. Como yo, no quiere nada con los Carnavales . . . No servimos para estas cosas . . .

CXXVII: León

Voy yo con Platero, lentamente, a un lado cada uno de los poyos de la plaza de las Monjas, solitaria y alegre en esta calurosa tarde de febrero, el temprano ocaso comenzado ya, en un malva diluido en oro, sobre el hospital, cuando de pronto siento que alguien más está con nosotros. Al volver la cabeza, mis ojos se encuentran con las palabras: don Juan . . . Y León da una palmadita . . .

Sí, es León, vestido ya y perfumado para la música del anochecer, con su saquete a cuadros, sus botas de hilo blanco y charol negro, su descolgado pañuelo de seda verde y, bajo el brazo, los relucientes platillos. Da una palmadita y me dice que a cada uno le concede Dios lo suyo; que si yo escribo en los diarios . . . , él, con ese oído que tiene, es capaz . . . —Ya v'osté, don Juan, loj platiyo . . . El ijtrumento más difísi . . . El uniquito que ze toca zin papé . . . —Si él quisiera fastidiar a Modesto, con ese oído, pues silbaría, antes que la banda las tocara,

CXXVI: Carnival

How handsome Platero is today! It's Carnival Monday, and the children, who have disguised themselves flashily as bullfighters, clowns, and lower-class dandies, have put on him the Moorish trappings, all embroidered in red, green, white, and yellow, with overornate arabesques.

Rain, sunshine, and cold. The little round colored confetti are rolling in parallel lines on the sidewalk in the keen afternoon wind, and the masquers, chilled, make pockets out of anything and everything for their blue hands.

When we reached the square, some women dressed as lunatics, in long white chemises, their undone black hair garlanded with green leaves, pulled Platero into the center of their noisy ring and, holding hands, circled merrily around him.

Platero indecisively pricks up his ears, raises his head, and, like a scorpion ringed by fire, tries nervously to escape anywhere. But, since he's so small, the madwomen aren't afraid of him and keep turning around him, singing and laughing. The little children, seeing him a prisoner, bray to make him bray. By now the whole square is a loud concert of brass, brays, laughter, songs, tambourines, and mortars. . . .

Finally Platero, with a man's resolve, breaks through the ring and comes to me trotting and weeping, his luxurious trappings slipping off him. Like me, he has no use for Carnivals. . . . We aren't cut out for such things. . . .

CXXVII: León

Platero and I are walking slowly, each of us on one side of the stone benches in the Plaza de las Monjas, which is solitary and cheerful on this warm February afternoon, the early sunset having already begun, in a mauve dissolved into gold, above the hospital, when I suddenly sense that someone else is with us. When I turn my head, my eyes meet the words "Don Juan." . . . And León gives a little clap.

Yes, it's León, already dressed and perfumed for the concert at nightfall, in his plaid jacket, his white linen and black patent-leather boots, with his drooping green silk handkerchief, and, under his arm, the gleaming cymbals. He gives a little clap and tells me that God grants everyone some individual talent; that, if I write for the newspapers . . . he, with his fine ear, is capable . . . "You see the cymbals, Don Juan. . . . The most difficult instrument. . . . The only one played without a written part." . . . If he wanted to annoy Modesto, with that fine ear, he'd whistle the new pieces before the band

las piezas nuevas. —Ya v'osté . . . Ca cuá tié lo zuyo . . . Ojté ejcribe en loj diario . . . Yo tengo ma juersa que Platero . . . Toq'ust'aquí . . .

Y me muestra su cabeza vieja y despelada, en cuyo centro, como la meseta castellana, duro melón viejo y seco, un gran callo es señal clara de su duro oficio.

Da una palmadita, un salto, y se va silbando, un guiño en los ojos con viruelas, no sé qué pasodoble, la pieza nueva, sin duda, de la noche. Pero vuelve de pronto y me da una tarjeta:

LEÓN
DECANO DE LOS MOZOS DE CUERDA
DE MOGUER

CXXVIII: El molino de viento

¡Qué grande me parecía entonces, Platero, esta charca, y qué alto ese circo de arena roja! ¿Era en esta agua donde se reflejaban aquellos pinos agrios, llenando luego mi sueño con su imagen de belleza? ¿Era este el balcón desde donde yo vi una vez el paisaje más claro de mi vida, en una arrobadora música de sol?

Sí, las gitanas están y el miedo a los toros vuelve. Está también, como siempre, un hombre solitario —¿el mismo, otro?—, un Caín borracho que dice cosas sin sentido a nuestro paso, mirando con su único ojo al camino, a ver si viene gente . . . y desistiendo al punto . . . Está el abandono y está la elegía, pero ¡qué nuevo aquél, y ésta qué arruinada!

Antes de volverle a ver en él mismo, Platero, creí ver este paraje, encanto de mi niñez, en un cuadro de Courbet y en otro de Böcklin. Yo siempre quise pintar su esplendor, rojo frente al ocaso de otoño, doblado con sus pinetes en la charca de cristal que socava la arena . . . Pero sólo queda, ornada de jaramago, una memoria, que no resiste la insistencia, como un papel de seda al lado de una llama brillante, en el sol mágico de mi infancia.

CXXIX: La torre

No, no puedes subir a la torre. Eres demasiado grande. ¡Si fuera la Giralda de Sevilla!

¡Cómo me gustaría que subieras! Desde el balcón del reloj se ven

played them. "You see. . . . Everyone has his own talent. . . . You write for the papers. . . . I'm stronger than Platero. . . . Feel here.". . . .

And he shows me his old, balding head, in the center of which, like the Castilian plateau, like a tough, dry old melon, a large callus gives a clear clue to his hard profession.

He gives a clap, takes a hop, and goes off with a wink in his pockmarked eyes, whistling some pasodoble, no doubt the new piece for that night. But he suddenly returns and hands me a card:

LEÓN

DEAN OF THE PORTERS

OF MOGUER

CXXVIII: The Windmill

How big it seemed to me then, Platero, this pond, and how high this amphitheater of red sand! Was it in this water that those wild pines were reflected, which later filled my dreams with their image of beauty? Was this the balcony from which I once saw the brightest landscape in my life, in a rapturous music of sunlight?

Yes, the Gypsy women are there and my fear of the bulls returns. There is also, as always, a solitary man (the same one? a different one?), a drunken Cain who says meaningless things as we go by, looking at the road with his one eye, to see whether people are coming . . . and desisting at once. . . . The solitude is there, and elegy is there, but how new the former, and how decayed the latter!

Before I saw it again in its reality, Platero, I thought I saw this spot, the enchantment of my childhood, in a painting by Courbet and another by Böcklin. I always wanted to paint its splendor, red against the autumn sunset, reflected with its pine scrub in the crystalline pond undermined by the sand. . . . But there only remains a memory, adorned with hedge mustard, a memory that doesn't resist overinsistence, like tissue paper next to a brilliant flame, in the magical sunlight of my childhood.

CXXIX: The Tower

No, you can't climb up to the tower. You're too big. Now, if it were only the Giralda tower in Seville!

How I'd like you to climb up! From the clock balcony one can already see

ya las azoteas del pueblo, blancas, con sus monteras de cristales de
colores y sus macetas floridas pintadas de añil. Luego, desde el del sur,
que rompió la campana gorda cuando la subieron, se ve el patio del
Castillo, y se ve el Diezmo y se ve, en la marea, el mar. Más arriba,
desde las campanas, se ven cuatro pueblos y el tren que va a Sevilla, y
el tren de Ríotinto y la Virgen de la Peña. Después hay que guindar
por la barra de hierro y allí le tocarías los pies a Santa Juana, que hirió
el rayo, y tu cabeza, saliendo por la puerta del templete, entre los
azulejos blancos y azules, que el sol rompe en oro, sería el asombro de
los niños que juegan al toro en la plaza de la Iglesia, de donde subiría
a ti, agudo y claro, su gritar de júbilo.

   ¡A cuántos triunfos tienes que renunciar, pobre Platero! ¡Tu vida es
tan sencilla como el camino corto del Cementerio viejo!

CXXX: Los burros del arenero

Mira, Platero, los burros del Quemado; lentos, caídos, con su picuda
y roja carga de mojada arena, en la que llevan clavada, como en el
corazón, la vara de acebuche verde con que les pegan . . .

CXXXI: Madrigal

Mírala, Platero. Ha dado, como el caballito del circo por la pista, tres
vueltas en redondo por todo el jardín, blanca como la leve ola única
de un dulce mar de luz, y ha vuelto a pasar la tapia. Me la figuro en el
rosal silvestre que hay del otro lado y casi la veo a través de la cal.
Mírala. Ya está aquí otra vez. En realidad, son dos mariposas; una
blanca, ella, otra negra, su sombra.

   Hay, Platero, bellezas culminantes que en vano pretenden otras
ocultar. Como en el rostro tuyo los ojos son el primer encanto, la es-
trella es el de la noche y la rosa y la mariposa lo son del jardín mati-
nal.

   Platero, mira qué bien vuela! ¡Qué regocijo debe ser para ella el
volar así! Será como es para mí, poeta verdadero, el deleite del verso.
Toda se interna en su vuelo, de ella misma a su alma, y se creyera que
nada más le importa en el mundo, digo, en el jardín.

   Cállate, Platero . . . Mírala. ¡Qué delicia verla volar así, pura y sin
ripio!

the white roof terraces of the town, with their skylights of colored glass and their blossoming flowerpots painted indigo. Then, from the south balcony, which was broken by the big bell when they raised it, one can see the patio of the Castle, and the Tithe Winery, and, at high tide, the ocean. Higher up, from the belfry, one can see four towns and the train that goes to Seville, and the Ríotinto train and the Virgin of the Crags. After that, you could climb over the iron grating, where you would touch the feet of Saint Joan, who was struck by lightning, and your head, emerging from the shrine door amid the white and blue tiles which the sun refracts into gold, would be the amazement of the children in their mock bullfight in the church square, from which their joyous shout, high-pitched and bright, would ascend to you.

How many triumphs you must renounce, poor Platero! Your life is as simple as the short road to the old cemetery!

CXXX: The Sand Merchant's Donkeys

Platero, look at El Quemado's donkeys: slow, feeble, with their pointed red load of wet sand, in which they carry embedded, as if their heart, the green wild-olive switch with which they're beaten. . . .

CXXXI: Madrigal

Look at it, Platero. Like the little horse in the circus ring, it's made three round circuits of the whole garden, white as the sole weak wave of a sweet sunlit sea, and has passed the adobe wall again. I can picture it in the wild-rose bush on the other side, and I nearly see it through the whitewash. Look at it. It's here again. Actually, there are two butterflies: one white, the real one, and one black, its shadow.

Platero, there are culminating beauties which others seek in vain to overshadow. Just as in your face the eyes are the foremost enchantment, the star is that of the night, and the rose and butterfly are those of the morning garden.

Platero, see how well it flies! What a joy it must be to it to fly like that! It must be like the delight of verse is to me, a true poet. It immerses itself entirely in its flight, from itself to its soul, and you'd think nothing else mattered to it in the world—I mean, in the garden.

Be silent, Platero. . . . Look at it. What a delight to see it fly like that, pure, with nothing superfluous!

CXXXII: La muerte

Encontré a Platero echado en su cama de paja, blandos los ojos y tristes. Fui a él, lo acaricié hablándole, y quise que se levantara . . .

El pobre se removió todo bruscamente, y dejó una mano arrodillada . . . No podía . . . Entonces le tendí su mano en el suelo, lo acaricié de nuevo con ternura, y mandé venir a su médico.

El viejo Darbón, así que lo hubo visto, sumió la enorme boca desdentada hasta la nuca y meció sobre el pecho la cabeza congestionada, igual que un péndulo.

—Nada bueno, ¿eh?

No sé qué contestó . . . Que el infeliz se iba . . . Nada . . . Que un dolor . . . Que no sé qué raíz mala . . . La tierra, entre la yerba . . .

A mediodía, Platero estaba muerto. La barriguilla de algodón se le había hinchado como el mundo, y sus patas, rígidas y descoloridas, se elevaban al cielo. Parecía su pelo rizoso ese pelo de estopa apolillada de las muñecas viejas, que se cae, al pasarle la mano, en una polvorienta tristeza . . .

Por la cuadra en silencio, encendiéndose cada vez que pasaba por el rayo de sol de la ventanilla, revolaba una bella mariposa de tres colores . . .

CXXXIII: Nostalgia

Platero, tú nos ves, ¿verdad!

¿Verdad que ves cómo se ríe en paz, clara y fría, el agua de la noria del huerto; cuál vuelan, en la luz última, las afanosas abejas en torno del romero verde y malva, rosa y oro por el sol que aún enciende la colina?

Platero, tú nos ves, ¿verdad?

¿Verdad que ves pasar por la cuesta roja de la Fuente vieja los borriquillos de las lavanderas, cansados, cojos, tristes en la inmensa pureza que une tierra y cielo en un solo cristal de esplendor?

Platero, tú nos ves, ¿verdad?

¿Verdad que ves a los niños corriendo arrebatados entre las jaras, que tienen posadas en sus ramas sus propias flores, liviano enjambre de vagas mariposas blancas, goteadas de carmín?

Platero, tú nos ves, ¿verdad?

Platero, ¿verdad que tú nos ves? Sí, tú me ves. Y yo creo oír, sí, sí, yo oigo en el poniente despejado, endulzando todo el valle de las viñas, tu tierno rebuzno lastimero . . .

CXXXII: Death

I found Platero stretched out on his bed of straw, his eyes soft and sad. I went over to him, caressed and addressed him, and tried to make him get up. . . .
The poor thing abruptly shook all over, and knelt on one foreleg. . . . He couldn't. . . . Then I stretched out his foreleg on the ground, caressed him again tenderly, and sent for his veterinarian.

As soon as old Darbón caught sight of him, his enormous toothless mouth sank to his neck and he shook his flushed head over his chest, like a pendulum.

"Not good, is it?"

I don't recall his reply. . . . That the poor creature was on his way out. . . . Nothing. . . . That a pain . . . that some venomous root . . . the soil in the midst of the grass . . .

At noon, Platero was dead. His little cotton belly had swollen up enormously, and his legs, stiff and discolored, were lifted to the sky. His curly coat was like that moth-eaten tow hair on old dolls, which, if you run your hand over it, crumbles into dusty sadness. . . .

In the silent stable, flaring up every time it flew through the sunbeam from the little window, a beautiful three-colored butterfly was fluttering. . . .

CXXXIII: Nostalgia

Platero, you see us, don't you?

Don't you see how the water in the orchard waterwheel is laughing in peace, bright and cold; how, in the last of the light, the industrious bees are flying around the green-and-mauve rosemary, pink and gold in the sunlight that is still igniting the hill?

Platero, you see us, don't you?

Don't you see, passing along the red slope of the old fountain, the washerwomen's little donkeys, weary, lame, sad in the immense purity that unites land and sky in a single crystal of splendor?

Platero, you see us, don't you?

Don't you see the children running rapturously amid the rockroses, which have their own flowers situated on their branches, a frivolous swarm of vague white butterflies with specks of crimson?

Platero, you see us, don't you?

Platero, don't you see us? Yes, you see me. And I think I hear, yes, yes, I do hear in the clear western sky, sweetening the whole valley of the vineyards, your tender, pitiful bray. . . .

CXXXIV: El borriquete

Puse en el borriquete de madera la silla, el bocado y el ronzal del pobre Platero, y lo llevé todo al granero grande, al rincón en donde están las cunas olvidadas de los niños. El granero es ancho, silencioso, soleado. Desde él se ve todo el campo moguereño: el Molino de viento, rojo, a la izquierda; enfrente, embozado en pinos. Montemayor, con su ermita blanca; tras de la iglesia, el recóndito huerto de la Piña; en el poniente, el mar, alto y brillante en las mareas del estío.

Por las vacaciones, los niños se van a jugar al granero. Hacen coches, con interminables tiros de sillas caídas; hacen teatros, con periódicos pintados de almagra; iglesias, colegios . . .

A veces se suben en el borriquete sin alma, y con un jaleo inquieto y raudo de pies y manos, trotan por el prado de sus sueños:

—¡Arre, Platero! ¡Arre, Platero!

CXXXV: Melancolía

Esta tarde he ido con los niños a visitar la sepultura de Platero, que está en el huerto de la Piña, al pie del pino redondo y paternal. En torno, abril había adornado la tierra húmeda de grandes lirios amarillos.

Cantaban los chamarices allá arriba, en la cúpula verde, toda pintada de cenit azul, y su trino menudo, florido y reidor, se iba en el aire de oro de la tarde tibia, como un claro sueño de amor nuevo.

Los niños, así que iban llegando, dejaban de gritar. Quietos y serios, sus ojos brillantes en mis ojos, me llenaban de preguntas ansiosas.

—¡Platero amigo! —le dije yo a la tierra—; si, como pienso, estás ahora en un prado del cielo y llevas sobre tu lomo peludo a los ángeles adolescentes, ¿me habrás, quizá, olvidado? Platero, dime: ¿te acuerdas aún de mí?

Y, cual contestando a mi pregunta, una leve mariposa blanca, que antes no había visto, revolaba insistentemente, igual que un alma, de lirio en lirio . . .

CXXXVI: A *Platero en el cielo de Moguer*

Dulce Platero trotón, burrillo mío, que llevaste mi alma tantas veces —¡sólo mi alma!— por aquellos hondos caminos de nopales, de malvas y de madreselvas; a ti este libro que habla de ti, ahora que puedes entenderlo.

CXXXIV: The Sawhorse

On the wooden sawhorse I placed poor Platero's saddle, bit, and halter, and I carried it all to the big barn, to the corner where the children's forgotten cradles are stored. The barn is capacious, silent, sunny. From it the entire Moguer countryside can be seen: the windmill, red, to the left; opposite, shrouded in pines, Montemayor with its white hermitage; behind the church, the hidden orchard at La Piña; in the west, the sea, deep and shining in the summer tides.

During vacations, the children go to the barn to play. They make coaches with endless teams of broken chairs; they make theaters out of newspapers painted in red ocher; churches; schools. . . .

Sometimes they mount the lifeless sawhorse, and with a restless, rapid hubbub of hands and feet, they trot through the meadow of their dreams:

"Giddyap, Platero! Giddyap, Platero!"

CXXXV: Melancholy

This afternoon I went with the children to visit Platero's grave, which is in the orchard at La Piña, at the foot of the round, paternal pine. All about, April had decorated the moist earth with large yellow irises.

The greenfinches were singing up there in the green cupola, all painted with blue zenith, and their rapid, flowery, laughing trill departed in the golden air of the warm afternoon, like a bright dream of new love.

As soon as the children arrived, they stopped shouting. Quiet and serious, their shining eyes in mine, they heaped anxious questions on me.

"Platero, my friend!" I said to the earth. "If, as I believe, you are now in a meadow in heaven, carrying adolescent angels on your shaggy back, can you perhaps have forgotten me? Platero, tell me: do you still remember me?"

And, as if in reply to my question, a weightless white butterfly, which I had never seen before, fluttered persistently, like a soul, from iris to iris. . . .

CXXXVI: *To Platero in the Sky of Moguer*

Sweet trotting Platero, my little donkey who carried my soul so often—only my soul!—over those low-lying roads of prickly pears, mallows, and honeysuckles; to you I dedicate this book which speaks of you, now that you can understand it.

Va a tu alma, que ya pace en el Paraíso, por el alma de nuestros paisajes mogureños, que también habrá subido al cielo con la tuya; lleva montada en su lomo de papel a mi alma, que, caminando entre zarzas en flor a su ascensión, se hace más buena, más pacífica, más pura cada día.

Sí. Yo sé que, a la caída de la tarde, cuando, entre las oropéndolas y los azahares, llego, lento y pensativo, por el naranjal solitario, al pino que arrulla tu muerte, tú, Platero, feliz en tu prado de rosas eternas, me verás detenerme ante los lirios amarillos que ha brotado tu descompuesto corazón.

CXXXVII: Platero de cartón

Platero, cuando, hace un año, salió por el mundo de los hombres un pedazo de este libro que escribí en memoria tuya, una amiga tuya y mía me regaló este Platero de cartón. ¿Lo ves desde ahí? Mira: es mitad gris y mitad blanco; tiene la boca negra y colorada, los ojos enormemente grandes y enormemente negros; lleva unas angarillas de barro con seis macetas de flores de papel de seda, rosas, blancas y amarillas; mueve la cabeza y anda sobre una tabla pintada de añil, con cuatro ruedas toscas.

Acordándome de ti, Platero, he ido tomándole cariño a este burrillo de juguete. Todo el que entra en mi escritorio le dice sonriendo: Platero. Si alguno no lo sabe y me pregunta qué es, le digo yo: es Platero. Y de tal manera me ha acostumbrado el nombre al sentimiento, que ahora, yo mismo, aunque esté solo, creo que eres tú y lo mimo con mis ojos.

¿Tú? ¡Qué vil es la memoria del corazón humano! Este Platero de cartón me parece hoy más Platero que tú mismo, Platero . . .

Madrid, 1915

CXXXVIII: A Platero, en su tierra

Un momento, Platero, vengo a estar con tu muerte. No he vivido. Nada ha pasado. Estás vivo y yo contigo . . . Vengo solo. Ya los niños y las niñas son hombres y mujeres. La ruina acabó su obra sobre

It goes to your soul, which now grazes in Paradise, through the soul of our Moguer landscapes, which must also have ascended to heaven with yours; it bears, riding on its paper back, my soul, which traveling to its ascension amid flowering brambles, is becoming better, more peaceful, purer every day.

Yes, I know that, when evening falls, when amid the orioles and the orange blossom, I arrive, slowly and pensively, by way of the solitary orange grove, at the pine that sings a lullaby to your death, you, Platero, blissful in your meadow of everlasting roses, will see me halt in front of the yellow irises that have sprouted from your decomposed heart.

CXXXVII: A Cardboard Platero

Platero, when a year ago a portion of this book I wrote in your memory sallied forth into the world of men, a lady friend of mine and yours made me a gift of this cardboard Platero. Can you see it from there? Look: it's half gray and half white; its mouth is black and red, its eyes enormously large and enormously black; it carries clay panniers with six pots of tissue-paper flowers, pink, white, and yellow; it moves its head and stands on a board painted indigo, with four rough wheels.

Remembering you, Platero, I've grown to love this little toy donkey. Everyone who comes into my study addresses it with a smile: "Platero." If someone doesn't know what it represents, and asks me about it, I say: "It's Platero." And so completely has the name accustomed me to the feeling, that now, even when I'm alone, I, too, believe that it's you and I pamper it with my eyes.

You? How vile is memory in the human heart! Today this cardboard Platero seems more like Platero to me than you do yourself, Platero. . . .

Madrid, 1915

CXXXVIII: To Platero, in His Land

For a moment, Platero, I have come to be where your death is. I haven't lived since then. Nothing has happened. You're alive and I'm with you. . . . I've come alone. The boys and girls are now men and women. Financial ruin has accomplished its actions on the three of us[24]—as you already know—and on

---

24. Presumably the poet, his mother, and his brother.

nosotros tres —ya tú sabes—, y sobre su desierto estamos de pie, dueños de la mejor riqueza: la de nuestro corazón.

¡Mi corazón! Ojalá el corazón les bastara a ellos dos como a mí me basta. Ojalá pensaran del mismo modo que yo pienso. Pero, no; mejor será que no piensen . . . Así no tendrán en su memoria la tristeza de mis maldades, de mis cinismos, de mis impertinencias.

¡Con qué alegría, qué bien te digo a ti estas cosas que nadie más que tú ha de saber! . . . Ordenaré mis actos para que el presente sea toda la vida y les parezca el recuerdo; para que el sereno porvenir les deje el pasado del tamaño de una violeta y de su color, tranquilo en la sombra, y de su olor suave.

Tú, Platero, estás solo en el pasado. Pero ¿qué más te da el pasado a ti que vives en lo eterno, que, como yo aquí, tienes en tu mano, grana como el corazón de Dios perenne, el sol de cada aurora?

Moguer, 1916

the desert it has left behind we stand erect, owners of the finest wealth: that in our hearts.

My heart! I hope the hearts of the other two suffice them as mine does me. I hope they think the same way I do. But no, it will be better if they don't think. . . . That way, they won't have in their memory the sadness of my evil ways, my cynical views, my impertinent remarks.

With what joy and comfort I tell you these things which no one but you is to know! . . . I shall arrange my actions in such a way that the present will be all of life and will seem like memory to them; in such a way that the serene future will leave the past for them the size and color of a violet, tranquil in the shade, and with the same sweet fragrance.

You, Platero, are alone in the past. But what does the past matter to you now that you live in eternity, holding in your hand, as I do here, scarlet as the heart of God everlasting, the sunshine of each dawn?

Moguer, 1916

A CATALOG OF SELECTED DOVER
BOOKS IN ALL FIELDS OF INTEREST

100 BEST-LOVED POEMS, Edited by Philip Smith. "The Passionate Shepherd to His Love," "Shall I compare thee to a summer's day?" "Death, be not proud," "The Raven," "The Road Not Taken," plus works by Blake, Wordsworth, Byron, Shelley, Keats, many others. 96pp. 5³⁄₁₆ x 8¼. 0-486-28553-7

100 SMALL HOUSES OF THE THIRTIES, Brown-Blodgett Company. Exterior photographs and floor plans for 100 charming structures. Illustrations of models accompanied by descriptions of interiors, color schemes, closet space, and other amenities. 200 illustrations. 112pp. 8⅜ x 11. 0-486-44131-8

1000 TURN-OF-THE-CENTURY HOUSES: With Illustrations and Floor Plans, Herbert C. Chivers. Reproduced from a rare edition, this showcase of homes ranges from cottages and bungalows to sprawling mansions. Each house is meticulously illustrated and accompanied by complete floor plans. 256pp. 9⅜ x 12¼.
0-486-45596-3

101 GREAT AMERICAN POEMS, Edited by The American Poetry & Literacy Project. Rich treasury of verse from the 19th and 20th centuries includes works by Edgar Allan Poe, Robert Frost, Walt Whitman, Langston Hughes, Emily Dickinson, T. S. Eliot, other notables. 96pp. 5³⁄₁₆ x 8¼. 0-486-40158-8

101 GREAT SAMURAI PRINTS, Utagawa Kuniyoshi. Kuniyoshi was a master of the warrior woodblock print — and these 18th-century illustrations represent the pinnacle of his craft. Full-color portraits of renowned Japanese samurais pulse with movement, passion, and remarkably fine detail. 112pp. 8⅜ x 11. 0-486-46523-3

ABC OF BALLET, Janet Grosser. Clearly worded, abundantly illustrated little guide defines basic ballet-related terms: arabesque, battement, pas de chat, relevé, sissonne, many others. Pronunciation guide included. Excellent primer. 48pp. 4³⁄₁₆ x 5¾.
0-486-40871-X

ACCESSORIES OF DRESS: An Illustrated Encyclopedia, Katherine Lester and Bess Viola Oerke. Illustrations of hats, veils, wigs, cravats, shawls, shoes, gloves, and other accessories enhance an engaging commentary that reveals the humor and charm of the many-sided story of accessorized apparel. 644 figures and 59 plates. 608pp. 6⅛ x 9¼.
0-486-43378-1

ADVENTURES OF HUCKLEBERRY FINN, Mark Twain. Join Huck and Jim as their boyhood adventures along the Mississippi River lead them into a world of excitement, danger, and self-discovery. Humorous narrative, lyrical descriptions of the Mississippi valley, and memorable characters. 224pp. 5³⁄₁₆ x 8¼. 0-486-28061-6

ALICE STARMORE'S BOOK OF FAIR ISLE KNITTING, Alice Starmore. A noted designer from the region of Scotland's Fair Isle explores the history and techniques of this distinctive, stranded-color knitting style and provides copious illustrated instructions for 14 original knitwear designs. 208pp. 8⅜ x 10⅞. 0-486-47218-3

Browse over 9,000 books at www.doverpublications.com

CATALOG OF DOVER BOOKS

ALICE'S ADVENTURES IN WONDERLAND, Lewis Carroll. Beloved classic about a little girl lost in a topsy-turvy land and her encounters with the White Rabbit, March Hare, Mad Hatter, Cheshire Cat, and other delightfully improbable characters. 42 illustrations by Sir John Tenniel. 96pp. 5³⁄₁₆ x 8¼. 0-486-27543-4

AMERICA'S LIGHTHOUSES: An Illustrated History, Francis Ross Holland. Profusely illustrated fact-filled survey of American lighthouses since 1716. Over 200 stations — East, Gulf, and West coasts, Great Lakes, Hawaii, Alaska, Puerto Rico, the Virgin Islands, and the Mississippi and St. Lawrence Rivers. 240pp. 8 x 10¾. 0-486-25576-X

AN ENCYCLOPEDIA OF THE VIOLIN, Alberto Bachmann. Translated by Frederick H. Martens. Introduction by Eugene Ysaye. First published in 1925, this renowned reference remains unsurpassed as a source of essential information, from construction and evolution to repertoire and technique. Includes a glossary and 73 illustrations. 496pp. 6½ x 9¼. 0-486-46618-3

ANIMALS: 1,419 Copyright-Free Illustrations of Mammals, Birds, Fish, Insects, etc., Selected by Jim Harter. Selected for its visual impact and ease of use, this outstanding collection of wood engravings presents over 1,000 species of animals in extremely lifelike poses. Includes mammals, birds, reptiles, amphibians, fish, insects, and other invertebrates. 284pp. 9 x 12. 0-486-23766-4

THE ANNALS, Tacitus. Translated by Alfred John Church and William Jackson Brodribb. This vital chronicle of Imperial Rome, written by the era's great historian, spans A.D. 14-68 and paints incisive psychological portraits of major figures, from Tiberius to Nero. 416pp. 5³⁄₁₆ x 8¼. 0-486-45236-0

ANTIGONE, Sophocles. Filled with passionate speeches and sensitive probing of moral and philosophical issues, this powerful and often-performed Greek drama reveals the grim fate that befalls the children of Oedipus. Footnotes. 64pp. 5³⁄₁₆ x 8 ¼. 0-486-27804-2

ART DECO DECORATIVE PATTERNS IN FULL COLOR, Christian Stoll. Reprinted from a rare 1910 portfolio, 160 sensuous and exotic images depict a breathtaking array of florals, geometrics, and abstracts — all elegant in their stark simplicity. 64pp. 8⅜ x 11. 0-486-44862-2

THE ARTHUR RACKHAM TREASURY: 86 Full-Color Illustrations, Arthur Rackham. Selected and Edited by Jeff A. Menges. A stunning treasury of 86 full-page plates span the famed English artist's career, from *Rip Van Winkle* (1905) to masterworks such as *Undine, A Midsummer Night's Dream,* and *Wind in the Willows* (1939). 96pp. 8⅜ x 11. 0-486-44685-9

THE AUTHENTIC GILBERT & SULLIVAN SONGBOOK, W. S. Gilbert and A. S. Sullivan. The most comprehensive collection available, this songbook includes selections from every one of Gilbert and Sullivan's light operas. Ninety-two numbers are presented uncut and unedited, and in their original keys. 410pp. 9 x 12. 0-486-23482-7

THE AWAKENING, Kate Chopin. First published in 1899, this controversial novel of a New Orleans wife's search for love outside a stifling marriage shocked readers. Today, it remains a first-rate narrative with superb characterization. New introductory Note. 128pp. 5³⁄₁₆ x 8¼. 0-486-27786-0

BASIC DRAWING, Louis Priscilla. Beginning with perspective, this commonsense manual progresses to the figure in movement, light and shade, anatomy, drapery, composition, trees and landscape, and outdoor sketching. Black-and-white illustrations throughout. 128pp. 8⅜ x 11. 0-486-45815-6

Browse over 9,000 books at www.doverpublications.com